总主编／杜金柱　侯淑霞

内蒙古自治区
社会保障发展报告
（2018）

主　编◎娜仁图雅　魏瑞清
副主编◎乌仁格日乐　任海霞　齐银昌

THE SOCIAL SECURITY DEVELOPMENT
REPORT ON INNER MONGOLIA（2018）

经济管理出版社
ECONOMY & MANAGEMENT PUBLISHING HOUSE

图书在版编目（CIP）数据

内蒙古自治区社会保障发展报告 . 2018/娜仁图雅，魏瑞清主编 . —北京：经济管理出版社，
2018. 11

ISBN 978 - 7 - 5096 - 5683 - 9

Ⅰ . ①内… Ⅱ . ①娜… ②魏… Ⅲ . ①社会保障—研究报告—内蒙古—2018 Ⅳ . ①D632. 1

中国版本图书馆 CIP 数据核字（2018）第 043045 号

组稿编辑：王光艳
责任编辑：许 兵 李红贤
责任印制：黄章平
责任校对：董杉珊

出版发行：经济管理出版社
　　　　　（北京市海淀区北蜂窝 8 号中雅大厦 A 座 11 层 100038）
网　　　址：www. E - mp. com. cn
电　　　话：（010）51915602
印　　　刷：北京虎彩文化传播有限公司
经　　　销：新华书店
开　　　本：720mm×1000mm/16
印　　　张：12. 25
字　　　数：227 千字
版　　　次：2019 年 8 月第 1 版 2019 年 8 月第 1 次印刷
书　　　号：ISBN 978 - 7 - 5096 - 5683 - 9
定　　　价：98. 00 元

内蒙古自治区社会经济发展蓝皮书·第三辑

丛书编委会

本书编委会

主　编　娜仁图雅　魏瑞清

副主编　乌仁格日乐　任海霞　齐银昌

参　编　鲍震宇　曹永红　朱丽颖　王美玲　乌达巴拉

　　　　　刘晓菲

总　序

    2018 年是党的十九大的开局之年和改革开放 40 周年，在以习近平同志为核心的党中央坚强领导下，内蒙古自治区各族人民深入学习贯彻党的十九大和十九届二中、三中全会精神，全面落实党中央、国务院的决策部署，积极应对各种困难和挑战，锐意进取，扎实工作，全区经济社会持续健康发展，地区生产总值增长 5.3%，一般公共预算收入增长 9.1%，城乡常住居民人均可支配收入分别增长 7.4% 和 9.7%，取得了令人瞩目的成绩，唤起了社会各界深度了解内蒙古自治区社会经济发展情况的迫切愿望。

    为系统描绘内蒙古自治区社会经济发展的全景图谱，为内蒙古自治区社会经济发展提供更多的智力支持和决策信息服务，2013 年、2016 年，内蒙古财经大学分别组织校内学者编写了《内蒙古自治区社会经济发展研究报告丛书》，两套丛书出版以来，受到社会各界的广泛关注，也成为社会各界深入了解内蒙古自治区的一个重要窗口。2019 年，面对过去一年社会经济发展形势的风云激荡，内蒙古财经大学的专家学者们再接再厉，推出全新的《内蒙古自治区社会经济发展蓝皮书》，丛书的质量和数量均有较大提升，力图准确诠释 2018 年内蒙古自治区社会经济发展的诸多细节，以文思哲理为中华人民共和国成立 70 周年献礼。书目包括《内蒙古自治区体育产业发展报告（2018）》《内蒙古自治区服务贸易发展报告（2018）》《内蒙古自治区劳动力市场发展研究报告（2018）》《内蒙古自治区财政发展报告（2018）》《内蒙古自治区区域经济综合竞争力发展报告（2018）》《内蒙古自治区文化产业发展研究报告（2018）》《内蒙古自治区社会保障发展报告（2018）》《内蒙古自治区工业发展研究报告（2018）》《内蒙古自治区投资发展报告（2018）》《内蒙古自治区资源环境发展研究报告（2018）》《内蒙古自治区"双创"指数研究报告（2018）》《内蒙古自治区云计算产业发展报告（2018）》《内蒙古自治区农业发展报告（2018）》《内蒙古自治区战略性新兴产业发展报告（2018）》《蒙古国经济发展现状与展望（2018）》《内蒙古自治区金融发展报告（2018）》《内蒙古自治区旅游业发展报告（2018）》《内蒙古自治区物流业发展报告（2018）》《内蒙古自治区能源发展报告（2018）》《内蒙古自治区对外经济贸易发展研究报告（2018）》《内蒙古自治区中小企业研究报告（2018）》《内蒙古自治区区域经济发展报告（2018）》《内蒙古自治区商标品牌发展报告（2018）》《内蒙古自治区知识产权发展报告（2018）》。

中国特色社会主义进入新时代的伟大实践，需要独有的思想意识、价值意念和技术手段的支持，从而形塑更高层次的经济和社会发展格局。以习近平中国特色社会主义思想为指引，践行社会主义核心价值观，筑牢使命意识，恪守学术操守，应是当代中国学者的既有担当。正是基于这样的基本态度，我们编撰了本套丛书，丛书崇尚学术精神，坚持专业视角，客观务实，兼容并畜，兼具科学研究性、实际应用性、参考指导性，希望能给读者以启发和帮助。

丛书的研究成果或结论属个人或研究团队的观点，不代表单位或官方结论。受客观环境及研究者水平所限，特别是信息、技术、价值观等迭代加速以及杂多变国内外形势复杂多见，社会科学研究精准描述的难度和发展走向的预测难度增大，如若书中结论存在不足之处，恳请读者指正。

编委会
2019 年 7 月

前　言

　　内蒙古自治区社会保障制度的改革起步于 1985 年，经过 30 多年的改革，取得了突破性进展。从计划经济时代的传统社会保障体系转向与适应市场经济与社会发展需要的新型社会保障体系，其显著特征是从计划经济时代的国家负责、单位或集体包办、板块结构、单一层次转向政府主导、责任分层、社会化、多层次的社会保障体系。

　　党的十八届五中全会提出了"创新、协调、绿色、开放、共享"的发展理念，这是当前和今后一段时期推动各项民生事业改革发展的重要指导思想。党的十九大明确了新时代我国的社会主要矛盾已经转化为人民日益增长的美好生活需要和不平衡不充分的发展之间的矛盾，提出坚持以人民为中心的发展思想，强调增进民生福祉是发展的根本目的，追求不断促进人的全面发展、全体人民共同富裕的发展目标。在民生领域方面，党的十九大报告提出民生七有，即"幼有所育、学有所教、劳有所得、病有所医、老有所养、住有所居、弱有所扶"。在社会保障领域方面，党的十九大报告强调"加强社会保障体系建设"，明确提出"按照兜底线、织密网、建机制"的要求，全面建成覆盖全民、城乡统筹、权责清晰、保障适度、可持续的多层次社会保障体系。党的十九大报告确立了今后一段时期我国社会保障体系建设的基本方向和指导思想。

　　内蒙古自治区社会保障事业认真贯彻落实了党的十八届五中全会和党的十九大会议精神。近几年，内蒙古自治区大力实施民生共享战略工程，不断编密织牢基本民生保障的安全网，并不断改进公共服务提供方式，提升公共服务能力和质量，建立了覆盖城乡居民的基本养老保险和全民医保制度，综合型的社会救助制度和面向老年人、残疾人、儿童的福利措施及保障性住房建设制度，实现了比较充分和高质量的就业，让人民群众共享了发展成果，不断增强了人民群众的获得感和幸福感。

　　虽然内蒙古自治区社会保障改革和工作取得了令人瞩目的成就，但未能建设成完整的、权责清晰的、多层次的制度体系，其社会保障水平仍滞后于经济发展水平，与人民群众的期望还存在着一定的差距。因此，内蒙古自治区需要加快社会保障体系的建设步伐，建立健全兜住底线、织牢织密安全网并建立长效机制。目前，内蒙古自治区社会保障体系仍然存在以下问题：一是制度分割，如基本养老保险和医疗保险制度中存在城镇职工与城乡居民的待遇差异，这导致群体利益的失衡，进而使公平性受到损害；二是权责不清，导致主体各方责任边界模糊，进而造成责任失衡、结构失衡和受益主体权益失衡的现象；三是养老、育幼、助残等方面的基本公共服务发展不足，影响了老年人、残疾人的生活质量和未成年人的健康成长。所以，必须按照党的十九大报告中提出的我国社会保障体系建设的基本方向和指导思想，坚持以共享为基石，坚持政府主导，实行多元主体共建共治的覆盖全民、城乡统筹、权责清晰、保障适度、可持续的多层次社会保障体系，并加快构建具有民族地区特色的社会保障制度顶层设计和完整的社会保障体系，才能全面确保宪法赋予人民群众公平地享有相应的社会保障权益。

本报告以共享发展理念为基础，以人民群众最关心、最直接、最现实的利益问题入手，对内蒙古自治区社会保险和社会服务这项民生工程的发展成果和不足进行了剖析。

本报告分为内蒙古自治区社会保障发展总论、养老保险发展报告、医疗保险发展报告、失业保险发展报告、社会救助发展报告、养老服务发展报告、就业发展报告以及保障性住房发展报告八个部分。内蒙古自治区社会保障发展总论部分分析了内蒙古自治区社会保险和社会服务事业的发展、面临的挑战和困境，并针对性地提出完善各项保障制度的建议。养老、医疗、失业、社会救助、养老服务以及就业与保障性住房部分，以全面建成覆盖全民、城乡统筹、权责清晰、保障适度、可持续的多层次社会保障体系为指导思想，分析了内蒙古自治区养老保险、医疗保险、失业保险、城乡最低生活保障制度、医疗救助、教育救助、灾害救助、养老服务、就业与保障性住房建设的实施及运行态势，并提出新时代内蒙古自治区社会保险和社会服务发展的对策及建议。

目　录

第一章　内蒙古自治区社会保障发展总论 ……………………………………… 1

一、基于共享发展理念的内蒙古自治区社会保障制度发展成就 ………… 2

　　（一）新时代内蒙古自治区社会保险制度的发展 …………… 2

　　（二）新时代内蒙古自治区社会救助制度的发展 …………… 4

　　（三）新时代内蒙古自治区社会福利制度的发展 …………… 6

　　（四）新时代内蒙古自治区就业保障制度的发展 …………… 9

　　（五）新时代内蒙古自治区保障性住房制度的发展 ………… 10

二、新时代内蒙古自治区社会保障改革与制度建设中存在的问题 ……… 11

　　（一）制度公信力不足 …………………………………………… 11

　　（二）公平性不足与效率不高并存 ……………………………… 11

　　（三）责任不清与责任失衡 ……………………………………… 12

　　（四）缺乏完善的社会保障工作绩效评价指标体系 ………… 12

三、新时代内蒙古自治区社会保障改革与体系建设面临的挑战 ……… 12

　　（一）人口老龄化挑战 …………………………………………… 12

　　（二）福利刚性增长与政府财政收入增长减缓的矛盾 ……… 12

　　（三）农村牧区社会保障项目经办管理能力薄弱 …………… 12

　　（四）劳动力流动对流出地区社会保险缴费造成的冲击 …… 13

四、完善社会保障建设工程，促进居民共享社会基本公共服务 ……… 13

　　（一）新时代内蒙古自治区社会保险制度改革完善方面 …… 13

　　（二）新时代内蒙古自治区社会救助与社会福利制度改革
　　　　　完善方面 …………………………………………………… 14

　　（三）新时代内蒙古自治区就业制度改革完善方面 ………… 15

　　（四）新时代内蒙古自治区保障性住房改革完善方面 ……… 16

第二章　内蒙古自治区养老保险发展报告 ·················· 18

　　一、"以民生为本"的内蒙古自治区养老保险制度建设成效 ········ 19

　　　　（一）养老保险制度参保人数不断增加，稳步推进全民参保计划 ····· 19

　　　　（二）养老保险基金收支不平衡问题凸显 ··············· 21

　　　　（三）养老保险制度保障效果显著提高 ··············· 23

　　　　（四）养老保险关系转移接续政策得到进一步完善 ········· 25

　　　　（五）积极开展养老保障业务培训工作 ··············· 26

　　　　（六）企业年金账户及资产金额稳步增长 ·············· 26

　　　　（七）养老保险制度信息化建设工作取得重大突破 ········· 27

　　二、新时期内蒙古自治区养老保险制度发展面临的困境 ········· 28

　　　　（一）为实现全民参保计划，养老保险扩面征缴工作仍需加强 ····· 28

　　　　（二）养老保险参保人员年龄结构进一步老化 ··········· 28

　　　　（三）基金安全可持续运行压力增大 ··············· 29

　　　　（四）养老保险待遇水平相对较低 ················· 31

　　　　（五）企业年金发展停滞不前 ··················· 31

　　　　（六）基层养老服务能力有待进一步提高 ·············· 31

　　　　（七）养老保险基层公共服务平台的信息化建设有待进一步提升 ··· 31

　　三、新时期完善内蒙古自治区养老保险制度的建议 ··········· 32

　　　　（一）鼓励边缘群体持续参保 ··················· 32

　　　　（二）健全养老保险筹资机制，提高养老保险基金收入 ······· 32

　　　　（三）完善养老保险待遇给付机制，保证养老保险基金支付稳定 ··· 33

　　　　（四）多措并举，稳步提高养老金待遇水平，共享发展成果 ······ 33

　　　　（五）建立可持续的多层次养老保险制度 ·············· 34

　　　　（六）进一步加快养老保险制度信息化建设 ············· 34

　　　　（七）完善基本养老保险制度化建设 ················ 35

　　　　（八）加强养老保险基金监督管理 ················· 35

第三章　内蒙古自治区医疗保险发展报告 ·················· 36

　　一、基于全民健康理念下的内蒙古自治区医疗保险制度建设成效 ···· 37

　　　　（一）建立了统一的城乡居民医疗保险制度 ············· 37

　　　　（二）医疗保险制度实现了制度全覆盖，参保人数不断增加 ····· 37

　　　　（三）医疗保险的筹资水平逐年提高 ················ 38

　　　　（四）医疗保险待遇水平稳步提高 ················· 40

（五）医疗保险基金收支规模及累计结余增长迅速 ·········· 42

（六）积极推进医疗保险付费方式改革，完善医疗费用结算

管理办法 ·· 44

二、内蒙古自治区医疗保险制度发展面临的主要问题与挑战 ········· 44

（一）基本实现了制度全覆盖，但尚未实现人群全覆盖 ········ 44

（二）医疗费用增长过快，超过患者支付能力 ·············· 45

（三）医疗保险制度的统筹层次较低 ····················· 46

（四）医疗保险基金大量结余与使用效率低下问题共存 ······· 46

（五）对医疗服务供方的有效制约和费用控制机制尚未建立 ··· 48

（六）医疗保险制度碎片化，造成不同职工群体待遇差别较大 ··· 48

三、进一步推进内蒙古自治区医疗保险制度发展的政策建议 ········· 49

（一）提高医疗保险制度统筹层次，实现不同群体医疗保险

政策的统一 ·· 49

（二）加强医疗保险付费总额控制制度建设 ················ 49

（三）健全重特大疾病医疗保险制度，提高医疗保障水平 ···· 49

（四）完善医疗保险关系转移接续办法 ···················· 50

（五）逐步建立社区首诊制度、双向转诊制度 ·············· 50

（六）跨省异地就医直接结算应坚持与分级诊疗结合 ········ 50

（七）实现城镇职工个人账户家庭共享制度 ················ 51

（八）提升医疗保险经办机构的专业化服务 ················ 51

第四章　内蒙古自治区失业保险发展报告 ·························· 53

一、基于发展理念的内蒙古自治区失业保险制度现状 ············· 54

（一）更多人口共享发展成果 ···························· 54

（二）失业保险基金收支关系趋向协调 ···················· 54

（三）参保人员的失业保险获得感稳步提升 ················ 55

（四）秉承开放理念，不断拓宽失业保险支付范围 ·········· 56

二、内蒙古自治区失业保险制度挑战与发展并存 ················· 56

（一）失业保险共享水平急需提高，与"织密网"的基本

要求不符 ·· 57

（二）失业保险获得感不强，"兜底线"功能不足 ·········· 58

（三）失业保险基金收支关系不协调，"可持续"性不强 ······ 58

（四）失业保险制度创新不足，就业促进功能较弱 ·········· 59

（五）各统筹地区发展不协调，失业保险可携带性差 ········ 60

（六）失业保险基金收益率低下 ……………………… 60

（七）失业保险政策城乡分置，统筹水平较低 ……… 60

三、发展理念下内蒙古自治区失业保险制度的优化路径 …… 61

（一）强化"兜底线、织密网"，增强失业保险的基本保障能力 … 61

（二）创新制度，发挥失业保险促进就业、预防失业的功能 … 62

（三）推动失业保险协调发展，促进劳动力自由流动 ……… 63

（四）创新失业保险基金投资管理体制 ……………… 63

（五）建立城乡统筹的失业保险制度 ………………… 63

第五章　内蒙古自治区社会救助发展报告 ……………… 64

一、内蒙古自治区最低生活保障制度的兜底脱贫成效 ……… 65

（一）内蒙古自治区最低生活保障发展现状 …………… 65

（二）内蒙古自治区最低生活保障制度发展面临的困境 ……… 70

（三）新时代进一步完善内蒙古自治区最低生活保障制度的建议 … 76

二、"健康内蒙古"战略下的内蒙古自治区医疗救助制度 ………… 82

（一）内蒙古自治区医疗救助制度的实施现状 ………… 82

（二）内蒙古自治区城乡医疗救助制度发展中存在的问题 … 86

（三）完善内蒙古自治区城乡医疗救助制度的政策建议 … 88

三、共享理念下内蒙古自治区教育救助机制的构建 ……… 91

（一）内蒙古自治区教育救助发展取得的成效 ………… 91

（二）内蒙古自治区教育救助面临的困境 ……………… 94

（三）完善内蒙古自治区教育救助的对策建议 ………… 97

四、创新发展的内蒙古自治区自然灾害救助制度 …………… 100

（一）内蒙古自治区自然灾害救助现状 ………………… 101

（二）内蒙古自治区自然灾害救助制度存在的问题 ……… 103

（三）完善内蒙古自治区自然灾害救助制度的对策建议 … 105

第六章　内蒙古自治区养老服务发展报告 ……………… 107

一、供给侧视角下内蒙古自治区养老服务发展态势 ……… 108

（一）养老服务政策供给增量变化 ……………………… 108

（二）养老服务供给存量变化 …………………………… 108

二、供给侧视角下内蒙古自治区养老服务面临的困境 ……… 110

（一）养老功能不全 ……………………………………… 110

（二）人员配置不足 ……………………………………… 110

　　　（三）运营机制不健全 ……………………………………… 110

　　　（四）政府投入较少 ……………………………………… 111

　　　（五）民办养老机构的优惠政策缺乏 …………………… 111

　　三、新时代内蒙古自治区养老服务发展的供给侧建议 ……… 111

　　　（一）健全养老服务供给体系 …………………………… 111

　　　（二）规范养老服务供给的管理系统 …………………… 114

第七章　内蒙古自治区就业发展报告 ……………………………… 116

　　一、内蒙古自治区就业发展形势 ………………………………… 118

　　　（一）就业规模 …………………………………………… 118

　　　（二）就业结构 …………………………………………… 119

　　　（三）就业服务 …………………………………………… 121

　　二、内蒙古自治区就业形势发展面临的问题 ………………… 123

　　　（一）内蒙古自治区就业压力大，劳动力供给过剩 …… 123

　　　（二）内蒙古自治区就业结构矛盾突出，产业就业结构总体
　　　　　　水平落后 …………………………………………… 123

　　　（三）中小企业发展相对缓慢，制约着就业容量的扩大 … 123

　　　（四）劳动力总体素质偏低，不能适应经济发展、产业升级的
　　　　　　需要 ………………………………………………… 124

　　三、优化内蒙古自治区就业形势良性发展的对策建议 ……… 124

　　　（一）坚持经济发展与扩大就业良性互动，增强创造就业岗位的
　　　　　　能力 ………………………………………………… 124

　　　（二）优化创新创业环境，提升创业带动就业能力 …… 125

　　　（三）统筹做好重点群体就业，提升就业保障能力 …… 126

　　　（四）提供全方位公共就业服务，提高人力资源市场供求
　　　　　　匹配能力 …………………………………………… 127

　　　（五）完善教育培训机制，增强劳动者素质提升能力 … 128

　　　（六）积极构建和谐劳动关系，提升就业质量 ………… 129

　　　（七）政府相关部门提供有力的保障和支撑 …………… 129

第八章　内蒙古自治区保障性住房发展报告 ……………………… 131

　　一、内蒙古自治区城镇保障性住房分配政策沿革及现状 …… 132

　　　（一）内蒙古自治区城镇保障性住房政策沿革 ………… 132

　　　（二）内蒙古自治区城镇保障性住房分配政策 ………… 133

  （三）内蒙古自治区城镇保障性住房工作现状 ············· 137

二、内蒙古自治区城镇保障性住房分配过程中的问题及原因 ········· 139

  （一）保障性住房分配过程中的问题 ·············· 139

  （二）造成保障性住房分配不公平的原因 ············ 142

三、完善内蒙古自治区城镇保障性住房分配政策的建议 ········· 144

  （一）加大资金投入力度 ···················· 144

  （二）加大项目统筹力度 ···················· 145

  （三）积极推进投资主体多元化 ················ 146

  （四）因地制宜推进棚户区改造货币化安置 ·········· 146

  （五）提高公租房分配入住率 ················· 147

  （六）健全工作机制，强化监督检查 ············· 147

附　　录 ································· 148

 附录1　内蒙古自治区2016年城乡居民最低生活保障标准一览表 ····· 148

 附录2　内蒙古自治区2016年特困人员供养标准一览表 ······· 151

 附录3　内蒙古自治区人民政府关于加强社会保险基金预算
    管理的意见 ······················ 154

 附录4　内蒙古自治区人民政府关于建立统一的城乡居民基本医疗
    保险制度的实施意见 ·················· 161

 附录5　内蒙古自治区人民政府办公厅关于2016年全区社会救助
    标准有关事宜的通知 ·················· 168

 附录6　内蒙古自治区居家养老服务管理办法 ··········· 171

参考文献 ································· 177

后　　记 ································· 181

第 一 章

内蒙古自治区社会保障发展总论

　　社会保障是社会各界高度关注的领域，也是全面深化改革的重点领域。2014～2016 年，国家围绕社会保障领域，制定了一系列规章制度。这些制度主要包括《关于进一步加强医疗救助与城乡居民大病保险有效衔接的通知》《"十三五"国家老龄事业发展和养老体系建设规划》《"十三五"健康老龄化规划》《残疾预防和残疾人康复条例》《志愿服务条例》《关于进一步深化基本医疗保险支付方式改革的指导意见》《关于加快发展商业养老保险的若干意见》《企业年金办法》等。尤其是中国共产党十九大报告明确提出，"我国社会保障制度的发展目标就是不断增进人民福祉，全面建成覆盖全民、城乡统筹、保障适度、可持续发展的多层次的社会保障制度，满足人民群众的美好生活需要"。所有这些，为社会保障制度的改革提供了理论指引，对促使社会保障制度走向成熟、定型发展、增加人民福祉具有重要意义。

　　目前，内蒙古自治区社会保障改革取得了令人瞩目的成就，已经建立的普遍性养老金制度，覆盖城乡居民的全民医保制度，综合型的社会救助制度，面向老年人、残疾人、儿童的福利措施，以及保障性住房建设的发展，表明社会保障制度已经成为共享发展成果的基本制度保障。

　　在内蒙古自治区党委、政府的高度重视和社会的广泛关注下，编牢织密社会保障网，提高社会保障能力和水平以及政策创制，使各项社会保障制度取得了令人瞩目的成就。

一、基于共享发展理念的内蒙古自治区社会保障制度发展成就

(一) 新时代内蒙古自治区社会保险制度的发展

内蒙古自治区党委、政府在共享理念下，以增加居民福祉水平为目标，牢固树立以人民为中心的发展思想，坚持民生为重、民生为先，认真贯彻落实党中央、国务院的决策部署，各项社会保险工作取得了显著成绩。2016年，内蒙古自治区用于民生的财政支出占总财政支出的65.8%，这说明社会保险政策在共享理念下得到扩展。社会保险政策的扩展既体现在政策增量部分的变化，也体现在政策存量部分的变化。

1. 社会保险政策的增量变化

2014～2016年，内蒙古自治区政府牢牢守住民生底线，不断增强政策和民生资金的精准性，进一步提高养老、医疗等社会保险的保障标准，加强了社会保险制度的普惠性，织密、扎牢社会保险安全网。2015～2016年，大量新的社会保险政策不断涌现。例如，在养老保险领域，建立统一的城乡居民基本养老保险制度，机关事业单位工作人员基本养老保险稳步推进，企业年金、职业年金、商业养老保险等多层养老保险体系逐步建立健全；在医疗保险领域，建立统一的城乡居民基本医疗保险制度，推进医疗救助与大病保险制度衔接，落实基本医疗保险支付方式改革实施方案等政策。

2. 社会保险政策的存量变化

(1) 社会保险制度覆盖进一步扩大。如表1-1所示，2014～2016年，内蒙古自治区参与各项社会保险的人数逐年增加。其中，2015年参加城镇职工基本养老保险的人数为579.0万人，比上年增长10.3%；参加城乡居民社会养老保险的人数为734.1万人，比上年下降3.7%。参加失业保险的职工人数为242.1万人，比上年增长2.45%，领取失业保险金的人数为5.6万人。参加城镇基本医疗保险的人数为1008.1万人，比上年增长1.0%；有336.2万职工参加了基本医疗保险，增长了1.3%。参加工伤保险和生育保险的人数分别为297.1万人、302.6万人，分别增长2.59%和3%。养老金社会化发放率达到100%。

2016年，参加城镇职工基本养老保险的人数为655.0万人，比上年增长13.1%；参加城乡居民基本养老保险的人数为736.1万人，比上年增长0.3%。参加失业保险的职工人数为241.1万人，比上年下降0.4%；领取失业保险金的人数为6.5万人，比上年增长15.9%。参加城镇基本医疗保险的人数为1019.3万人，增长1.1%。参加工伤保险和生育保险的人数分别为303.1万人、305.2

万人，分别增长了 2.02% 和 0.86%。养老金社会化发放率达到 100%。

表1-1　2014~2016年内蒙古自治区社会保险参保人数　单位：万人

年份	基本养老保险		城镇基本医疗保险	失业保险	工伤保险	生育保险
	城镇职工	城乡居民				
2014	524.9	761.9	998.1	236.3	289.6	293.8
2015	579.0	734.1	1008.1	242.1	297.1	302.6
2016	655.0	736.1	1019.3	241.1	303.1	305.2

数据来源：根据历年内蒙古自治区国民经济和社会发展统计公报整理得出。

（2）社会保险待遇水平稳步提高。内蒙古自治区社会保险待遇水平稳步提高表现在以下几方面：

第一，2014~2016年，退休人员基本养老金、城乡居民基础养老金月均标准逐年提高。其中，2015年，企业退休人员养老金月人均提高206元，城乡居民基础养老金月人均提高20元。2016年，城乡居民养老金月人均达146.8元，高于全国平均水平。

第二，2014~2016年，城乡居民医保财政补助逐年提高。其中，城乡居民医保财政补助标准由2015年的380元提高到2016年的420元，在此基础上，内蒙古自治区财政又对农牧业人口在6万以下的牧业旗县增加人均医保补助20元。城乡居民、城镇职工基本医保政策内住院费用平均报销比例分别达75%和85%左右，最高支付限额均达到当地职工平均工资和居民可支配收入的6倍左右。

第三，内蒙古自治区财政补助标准和转移支付方式由自治区人民政府根据经济社会发展情况适时调整。各级人民政府要将城乡居民基本医疗保险补助资金纳入年度财政预算安排，并按照国家和内蒙古自治区有关规定确保财政补助资金及时足额拨付到位并转入基金专户。

在国家规定的财政补助资金中，除中央财政补助外，内蒙古自治区按各地财力分类分档给予补助。内蒙古自治区补助基数为一类地区43元、二类地区60元、三类地区77元，以后每年在此基础上，对当年增加的部分，一类地区补助30%、二类地区补助50%、三类地区补助70%，其余由盟市、旗县（市、区）财政分级承担。地区财力分类按内蒙古自治区财政专项转移支付地区分类确定。

享受最低生活保障的居民、丧失劳动能力的残疾人、低收入家庭60周岁以上的老年人和未成年人等，参加城乡居民基本医疗保险所需个人缴费部分，由地方人民政府予以补贴。

合理控制医保目录外费用，逐步缩小政策范围内支付比例与实际支付比例的差距，建立待遇水平与缴费标准相衔接的动态调整机制。将参保城乡居民生育医疗费用纳入城乡居民基本医疗保险支付范围，享受分娩财政补助政策的，其财政补助后剩余生育医疗费用由城乡居民基本医疗保险基金按规定报销。积极推行分级诊疗管理，适当拉开不同层级医疗机构住院统筹基金起付标准和支付比例差距，实行向上转诊提高自付比例，提高幅度一般不低于5%，引导城乡居民在基层医疗机构就医就诊。

第四，大病保险制度不断完善。基本医保报销后，合规医疗费用平均报销比例达到60%；肾透析、器官移植、癌症放化疗等重特大疾病纳入门诊保障范围。

第五，阶段性降低失业保险缴费率，由1.5%下调到1%，为企业减轻负担7.63亿元。

（3）社会保险基金运行总体平稳。在人口老龄化加剧、社会保险扩面空间收窄、社会保险基金征缴工作面临困难、基金支付风险增多、社会保险可持续发展压力加大的情况下，完善基金预算制度，加大费源稽核力度，继续实施养老保险缴费补费政策，拓宽基金收入渠道，使各项社会保险基金征缴任务比较圆满完成。2016年，内蒙古自治区社会保险基金收支分别达到903.7亿元、864.9亿元，当期结余38.8亿元，累计结余939.4亿元。

（二）新时代内蒙古自治区社会救助制度的发展

在社会保险政策扩展的同时，共享发展理念下的社会救助政策也在快速发展，一大批旨在帮助社会弱势群体的社会救助项目不断涌出。

社会救助是一项保民生、促公平的托底性、基础性工作。内蒙古自治区认真贯彻落实党的十九大精神，在社会救助方面精准发力，出台完善了一系列解民忧、惠民生、暖民心的政策措施，民生兜底保障作用得到有效发挥，困难群众基本生活得到有效保障，困难群众获得感、幸福感进一步增强。内蒙古自治区政府在提供"兜底性"保障任务、织牢基本民生"安全网"方面取得了卓越成效。

近几年，内蒙古自治区加大了对社会救助的投入力度。2015年，自治区投入社会救助资金82.69亿元，300多万救助对象和278.8万户困难家庭的基本生活得到了有效保障。2016年，社会救助标准大幅提升，低保标准动态调整机制、社会救助标准与物价上涨挂钩联动机制普遍建立健全，临时救助制度全面建立，专项救助范围得到拓展。具体体现在以下几个方面：

1. 城乡低保保障标准持续提高

加大财政投入，提高城乡最低生活保障标准，实现了动态管理下的应保尽保、应退尽退，困难群众的基本生活得到了有效保障。

如表1-2所示，2016年内蒙古自治区城乡低保对象为165.7万人（月均保障城镇低保对象 53.73 万人，月均保障农村牧区低保对象 111.97 万人）。同时，内蒙古自治区各地结合实际，按照"只增不减、稳步提高"的原则适度提高保障标准。其中，城镇保障标准月人均 542 元，比 2015 年提高 45 元，居全国第九位；补助水平月人均 396 元，居全国第七位。农村牧区保障标准年人均 4197 元，比 2015 年提高 306 元，居全国第七位；补助水平月人均 210 元，居全国第八位。

表 1-2 2014~2016 年内蒙古城乡低保人数与保障标准情况

年份	城乡低保对象（万人）	城乡低保保障标准	
		城镇（元/月人均）	农村（元/年人均）
2014	193.4	472	3229
2015	122.5	497	3891
2016	165.7	542	4197

数据来源：根据历年《内蒙古自治区统计年鉴》和 2018 年内蒙古自治区人力资源和社会保障新闻整理得出。

2. 特困人员供养救助标准逐年提高

特困人员供养救助方面，按照特困人员基本生活标准不低于当地城乡低保标准的 1.3 倍、不低于上年救助供养标准。2016 年，保障农村牧区特困人员 8.55 万人，其中：集中供养 1.1 万人，分散供养 7.45 万人。集中和分散供养标准为年人均 8598 元和 5124 元，比 2015 年分别提高 534 元和 94 元，分别位居全国第七位和第十一位。保障城市特困人员 1.24 万人。其中：集中供养 0.34 万人，分散供养 0.9 万人。集中和分散供养指导标准为月人均 784 元和 560 元（见表 1-3）。

表 1-3 2014~2016 年内蒙古自治区特困人员供养救助标准

年份	特困供养人员救助标准			
	城镇三无人员（元/月人均）		农村牧区五保户（元/年人均）	
	集中供养	分散供养	集中供养	分散供养
2014	784	560	6670	3643
2015	784	560	8064	5030
2016	784	560	8598	5124

数据来源：根据历年内蒙古自治区国民经济和社会发展统计公报整理得出。

3. 合理降低医疗救助病种限制标准和住院救助起付线，减轻了就医负担

医疗救助方面，合理降低医疗救助病种限制标准和住院救助起付线，积极开

展"一站式"即时结算服务，切实减轻了就医负担。2015 年，累计医疗救助 123.99 万人次；医疗救助 184.98 万人次，其中：资助参保参合 154.02 万人次，住院救助 25.79 万人次，门诊救助 5.18 万人次。人均住院救助 2393 元、门诊救助 580 元、资助参合参保 80 元。

4. 教育救助范围进一步扩大

在教育救助方面，多渠道筹措教育救助资金，在对低保家庭子女、孤儿大学新生资助的基础上，建档立卡贫困家庭子女大学新生纳入资助范围，专科一次性资助 3 万元，本科一次性资助 4 万元。2015 年，资助当年新考录的城乡低保家庭子女 2.15 万人。2016 年，共有 21398 名建档立卡贫困家庭、低保家庭孩子和孤儿在政府资助下迈入了大学校门，资助考入高校的低保家庭大学生 19796 人、孤儿大学生 176 人。

5. 合理扩大公租房的覆盖范围，改善困难群众居住条件

在住房救助方面，不断加大对困难群众的住房救助力度，合理扩大公租房的覆盖范围，改善困难群众的居住条件。2015 年，13.5 万户城镇困难居民被纳入住房保障，为 14.1 万名农村牧区困难群众进行了危房改造。在此基础上，2016 年，自治区共有 24.4 万户城镇困难居民享受到住房救助。

6. 启动救灾预警响应和应急响应

自然灾害救助方面，及时启动救灾预警响应和应急响应，有序应对以旱灾为重点的各类自然灾害，下拨中央救灾资金 3.62 亿元（其中：抗旱应急救助资金 6000 万元，冬春救助资金 3.02 亿元）、自治区配套资金 7757 万元（其中：抗旱救灾资金 3000 万元，冬春救助资金 4757 万元），72 万旱灾受灾群众和 264.9 万因灾冬春需救助群众的基本生活得到有效保障。

7. 启动了其他救助活动

2016 年，临时救助 27.01 万户次，户均救助 1003 元，率先在全国实现"救急难"工作全覆盖，全年累计发放救助资金 28477 万元。保障孤儿 5500 人，其中：集中供养 1266 人，分散供养 4234 人，集中和分散供养标准为每人每月 1232 元和 1008 元。保障文革"三民"2.09 万人，保障标准为当地城镇全额低保的基础上加 220 元。

2016 年，投入资金 4.6 亿元，为全区 26.9 万 80 岁以上低收入老人和 11.42 万 80 岁以上低保老人发放了高龄津贴。投入专项救助资金 2866 万元，救助流浪乞讨人员 10.9 万人次。投入资金 1.07 亿元，为 19.2 万困难残疾人和 22.1 万重度残疾人发放了"两项补贴"。

（三）新时代内蒙古自治区社会福利制度的发展

内蒙古自治区为全面建设小康社会，也为积极应对人口老龄化问题，采取切

实有效的社会福利政策，积极推动自治区社会福利事业发展取得新突破、实现新跨越。

1. 社会福利政策的增量变化

认真落实习近平总书记关于加强养老服务工作的系列重要指示，实施"十三五"养老相关规划，加快健全养老服务体系，满足多样化养老服务需求。贯彻《国务院办公厅关于全面放开养老服务市场、提升养老服务质量的若干意见》，制定、出台自治区具体实施意见，深入推进养老服务业"放管服"改革。通过 PPP 模式、购买服务、公建民营、民办公助等多种形式推动社会力量进入养老服务领域。推动"互联网＋养老"，充分发挥 12349 平台大数据的潜能和优势，全力拓展居家养老服务体系，"12349"便民为老服务中心数量增加到 80 个。积极推进养老院质量建设，开展养老院摸底调查，研究制定养老院服务质量规范，完善养老院质量监管体系。深化居家和社区养老服务改革试点，召开现场会，总结推广社会化养老服务的经验。加快农村牧区养老服务发展，加强农村牧区敬老院设施改造和功能拓展。积极探索医养结合等养老服务新模式。

促进相关社会福利和慈善事业的发展。制定、出台了《内蒙古自治区关于加快发展康复辅助器具产业的实施意见》，抓好康复辅助器具产业综合园区建设。制定精神障碍社区康复服务政策，加强盟市精神康复机构建设。探索支持慈善力量参与脱贫攻坚的政策措施。配合做好第十届"中华慈善奖"评选表彰活动。持续推进"阳光福彩"建设，完善福利彩票销售管理制度体系，健全公益金使用管理全流程监管机制，提高资金规范使用效益。

完善困境儿童保障和农村牧区留守儿童关爱、保护工作。推动落实困境儿童保障政策，对现有困境儿童进行详细摸底、排查建档、分类评估、分类施策、精准帮扶。开展农村牧区留守儿童"合力监护、相伴成长"关爱保护专项行动。指导各地通过政府购买服务等方式充实困境儿童、留守儿童工作力量，建立动态的管理机制。统筹儿童福利机构和未成年人保护中心设施建设。

2. 社会福利政策的存量变化

（1）在养老服务方面，以居家养老为基础、社区养老为依托、机构养老为支撑的覆盖城乡的多样化养老服务体系初步形成。如表 1 - 4 所示，2015 年，内蒙古自治区已建成各类养老机构 2421 所，总床位数达 22.2 万张，每千名老人拥有床位数达 58 张，高于全国 28 张的平均水平，自治区养老床位比例已居全国第一。11 个盟市和 39 个旗县（市、区）相继建成了"12349"便民为老服务中心，70.2% 的老年人通过养老服务功能延伸到家庭实现了居家养老，12% 的老年人通过社区养老服务功能实现了社区养老,4.2%的老年人通过入住各类养老服务机构实现了机构养老。2016年,内蒙古自治区拥有各类养老机构2979所,养老床位数达24.2万张,每千名老年人拥有养老床位数59张,每千名老人拥有养老床位数从2014年起连续三年位居全国第一。其中,公办社会福利机构和老年养护院146所,床位数达2.26万张;社区老年人日间照料中心750所,床位数达10084张;农村牧区互助养老幸福院1331所,床位数达11.6万张;农村敬老院394所,床位达4.7万张;光荣院34所,床位达2291张;民办养老机构324家,床位数达4.4万张。护理及医养结合床位数达6.9万张,占自治区养老机构床位总数的29%。

表1-4 2013~2016年内蒙古自治区养老机构与床位数据

年份	养老机构(所)	养老床位(张)
2013	1856	20.5
2014	2253	20.5
2015	2421	22.2
2016	2979	24.2

数据来源:根据历年内蒙古自治区国民经济和社会发展统计公报整理得出。

内蒙古自治区老年人养老有多种选择。结合地域广阔、老年人生活习惯差异大的特点,内蒙古自治区创造性地探索养老服务模式多元发展,在包头市、乌兰察布市、锡林郭勒盟、鄂尔多斯市和阿拉善盟5个地区分别推广城市、农村、牧区、社会化和医养结合5种养老服务模式,满足不同老年人的养老需求。在农村养老方面,内蒙古自治区以乌兰察布市为试点,通过整合财政、福彩公益金、扶贫、危房改造、"一事一议"等资金,统筹民政、住建、卫生、文化、农业、水利、广电等部门资源,实施"农村互助养老幸福院"建设工程,走出了一条"集中居住、分户生活、统一管理、互帮互助"的互助养老路子。互助养老幸福院既有农村敬老院的特征,又符合农村老年人的居家养老习惯,有效解决了10多万农村老年人的养老问题,受到广泛欢迎。

养老服务事业的发展,离不开政策和资金的支持。2014年以来,内蒙古自治区出台了《内蒙古自治区加快发展养老服务业实施意见》,印发了《内蒙古自治区人民政府办公厅关于印发居家养老服务管理办法的通知》《关于资助社会办养老机构一次性建设补贴和床位运营补贴的通知》,制定了《内蒙古自治区"十三五"时期养老服务体系建设规划》,不断激发养老服务发展的活力。同时,不断加大力度落实养老优惠政策,织牢民生保障网。2016年,内蒙古自治区本级福彩公益金中用于社会养老服务体系建设的资金达 2.62 亿元，中央福利彩票公益金有 3512 万元也下拨至各盟市。内蒙古自治区还大力扶持社会办养老机构的发展，2016 年投入 4583 万元用于社会办养老机构床位运营补贴、一次性建设补贴和等级评定补贴，惠及老年人达 5 万余人。

（2）2016 年，惠民殡葬工作持续推进，为 2.6 万户困难家庭实施四项基本殡葬服务免补，免补金额为 3900 万元；开展婚姻登记网上预约、家庭婚姻辅导等服务，基本完成有身份证号的婚姻登记历史档案补录工作；年内共办理结婚登记 19.06 万对、离婚登记 8.04 万对、国内外收养登记 253 件。全年福利彩票销售额 57.97 亿元，筹集福彩公益金 16.2 亿元。

（3）2016 年，城镇建立各种社区服务设施 3385 个，比上年增长 11.9%。其中，社区服务中心 1000 个。内蒙古自治区各类社会福利院床位达 1.8 万张，各类福利院收养人数 1.4 万人。全年共有 162.5 万人得到国家最低生活保障救济。2017 年，筹集社会福利资金达 16.2 亿元，接受社会捐赠 306.7 万元。

（四）新时代内蒙古自治区就业保障制度的发展

2014~2016 年，内蒙古自治区深入实施就业优先战略，鼓励多渠道、多形式就业。如表 1-5 所示，2015 年和 2016 年，内蒙古自治区城镇新增就业人数分别为 26.9 万人、26.84 万人，城镇登记失业率均为 3.65%，群众业有所就的幸福感逐年增强。

表 1-5　2014~2016 年内蒙古自治区新增就业人数与城镇登记失业率

年份	城镇新增就业人数（万人）	城镇登记失业率（%）
2014	27.2	3.59
2015	26.9	3.65
2016	26.84	3.65

数据来源：根据历年内蒙古自治区国民经济和社会发展统计公报整理得出。

1. 不断丰富和完善就业扶持政策，积极培育新动能，支持新业态发展

2014~2016 年，举办各类线上线下人才交流会分别为 784 场、791 场和 482 场。人才交流会 2015 年提供就业岗位 57.15 万个，2017 年提供就业岗位 54.83 万个。

2015 年和 2016 年，通过各种就业渠道安置就业困难人员分别为 6.03 万人和 5.72 万人，经申报认定的"零就业"家庭 415 户和 417 户，帮助 421 人和 427 人实现就业，实现"零就业"家庭"动态为零"的目标。

2. 实施"创业内蒙古行动"，发挥出创业政策的效能

深入实施"创业内蒙古行动"，发挥创业政策的最大效能，着力在提供创业

担保贷款、培育创业项目、开展创业培训、搭建创业孵化平台、提供公共服务等方面下功夫。2016年，发放创业担保贷款23.6亿元，创业培训5.43万人，扶持4.53万人成功创业，创业带动就业人数达15.7万人。积极营造创业氛围，举办了全区"双创"活动周，建立了全国首家"四众"创业市场。

3. 重点人群就业保持稳定

如表1-6所示，2014~2016年，内蒙古自治区重点人群就业保持稳定。其中，2016年，13.99万名高校毕业生实现就业或落实就业去向，农村牧区富余劳动力转移就业256.95万人，帮助5.7万名失业人员、5.7万名就业困难人员、417户"零就业"家庭中的427人实现了就业，去产能企业富余职工得到妥善安置，4.81万名建档立卡的贫困劳动力实现就业，实现了就业局势总体稳定。

表1-6　2014~2016年内蒙古自治区重点人群就业情况　　单位：万人

年份	高校毕业生就业人数	农村牧区富余劳动力转移就业人数
2014	14.5	256.7
2015	13.7	257.4
2016	13.99	256.95

数据来源：根据历年内蒙古自治区国民经济和社会发展统计公报整理得出。

4. 注重技能培训质量，提高劳动者就业能力

结合内蒙古自治区产业转型升级、培育发展新兴产业，加强技能培训。2016年，培训城乡劳动者27.7万人，完成年度计划任务。其中，培训后实现就业12.87万人，完成了年度计划的116%；农牧民转移技能培训13.33万人，完成了年度计划的103%。

5. 强化家庭服务人员培训，提高服务质量与效率

积极开展家庭服务业从业人员培训，促进家庭服务业职业化发展。内蒙古自治区家庭服务从业人员技能培训达2.94万人，完成了年度计划的147%。

6. 实施精准服务管理，扎实推进就业创业扶贫工作

2016年通过技能培训、创业担保贷款、转移就业、公益性岗位安置等方式共扶贫64427人，实现48112人就业。

（五）新时代内蒙古自治区保障性住房制度的发展

2015年，将13.5万户城镇困难居民纳入住房保障，为14.1万名农村牧区困难群众进行了危房改造。2016年底，内蒙古自治区棚户区改造开工22.1万套，开工率为100.3%；基本建成26.9万套，已提前超额完成年度目标任务；完成投

资812.3亿元，实现对人均住房建筑面积不足15平方米的城镇低保家庭的应保尽保。

截至2016年底，内蒙古自治区共完成农村牧区危房改造61.5万户，受益群众215万人；内蒙古自治区259个镇列入自治区级重点镇，143个镇列入国家级重点镇，23个村镇列入国家和自治区级美丽宜居村镇，38个村镇列入国家和自治区级特色景观旅游名镇名村，6个村镇列入国家级历史文化名镇名村，24个村列入中国传统村落名录，32个村镇入选中国特色景观名镇、名村。

二、新时代内蒙古自治区社会保障改革与制度建设中存在的问题

（一）制度公信力不足

基本养老保险基金积累日益增加，但许多人却在怀疑这一制度的可持续性，以致越来越多的人担心领不到养老金，不参保或停保或者尽可能少缴费的现象有蔓延之势。所有这些，反映的其实是公众对社会保障制度的不信任感在增强。如果公众对社会保障制度丧失信心，也就丧失了认同和参与的积极性。因此，信任危机与预期不稳是必须妥善应对的巨大挑战[1]。

（二）公平性不足与效率不高并存

1. 社会保障制度已初具普惠全民的特色，但公平性不足仍然是各项社会保障制度的共性

养老金待遇在机关事业单位与企业退休人员之间的差距依然巨大；医疗保险的群体分割背后实质上是待遇差异；以最低生活保障为核心的社会救助制度在城乡之间、地区之间差异偏大；即使较为单纯的政府救灾同样在灾种之间、受灾地区之间、灾民之间存在着差异；等等。这些差异都说明社会保障制度的公平性差。

2. 社会保障制度实践中存在浪费与低效现象

在医疗保险中，职工基本医疗保险因个人账户资源处于低效状态，严重损害了这一制度的互助共济功能，也造成统筹基金负担日益沉重。由于医院的营利性与医药供应失范，医疗服务过程中过度诊断、过度检查、过度用药几乎是一种普遍现象，医疗卫生资源与医保基金浪费惊人，医疗保险中还存在着医患合谋侵蚀医保基金的现象。此外，现行制度规范不严密、监管不到位、技术手段不完善，

---

① 郑功成. 中国社会保障发展报告2016 ［M］. 北京：人民出版社，2016.

实践中的许多漏洞如冒领养老金、骗取低保待遇等，社会保障管理体制尚未完全理顺，以及经办机制分割等，亦造成了行政资源的浪费。因此，制度欠缺公平与效率低下，是必须引起高度重视并需要认真应对的重大问题①。

（三）责任不清与责任失衡

现行社会保障制度几乎未能切实厘清主体各方的责任，政府责任的边界缺乏明确界定，中央政府与地方政府的责任还没有明确划分，可供市场主体与社会组织作为的空间具有不确定性。这种状态带来的结果，就是政府的责任与压力会持续加重，而市场主体、社会力量却又无法顺利进入并发挥应有的作用②。

（四）缺乏完善的社会保障工作绩效评价指标体系

目前，社会保障工作绩效评价主要是行政部门对社会保障工作过程的绩效评价，缺乏对社会保障制度本身的评价，特别是缺乏对社会保障制度实施效果的评价。

三、新时代内蒙古自治区社会保障改革与体系建设面临的挑战

（一）人口老龄化挑战

面对人口老龄化加剧、社会保险扩面空间收窄、社会保险基金征缴工作面临困难、基金支付风险增多等情况，社会保险可持续发展的压力加大。

（二）福利刚性增长与政府财政收入增长减缓的矛盾

受制于地方财政能力严重不足，内蒙古自治区大部分地区的社会保障项目的保障水平在相当长的一段时间内让位于制度覆盖面的推进，尤其是基层地方政府自身财政能力不足的问题更为严重。很多旗县级政府的财政收入十分有限，财政收入来源渠道单一，自身创造财政收入的能力很低。内蒙古自治区许多旗县属于贫困旗县，往往需要依靠中央政府和省级政府的专项转移支付才能维持政府的正常运转，财政收入结构失衡情况严重，能够用于配套实施社会保障项目的财政资金很少。因此，财政收入增速减缓与国民福利快速增长已成为现实矛盾。

（三）农村牧区社会保障项目经办管理能力薄弱

内蒙古自治区社会保障项目的经办管理能力薄弱主要体现在农村牧区的社会

---

①② 郑功成. 中国社会保障发展报告 2016 ［M］. 北京：人民出版社，2016.

救助制度运行过程中，最主要的表现为管理人员数量不够、管理的专业水平较弱。社会保障项目经办管理人员数量不够，一方面是由于基层政府的工作人员编制不够，另一方面则是由于政府工作人员工资待遇太低难以招聘和留住专业管理人才。因此，导致社会保障项目经办管理能力不足。农村牧区社会保障项目经办管理能力薄弱会导致经办管理的专业性不足，从而很容易导致社会救助工作在入户调查、审核、审批过程中存在诸多不规范的地方以及农村牧区社会救助制度的监督实施难度大，社会保障待遇的公平性受损①。

（四）劳动力流动对流出地区社会保险缴费造成的冲击

在现有的社会保险统筹层次较低的背景下，农村牧区劳动力外出务工所引发的停止缴费等现象会直接影响医疗保险和养老保险资金的筹集，以及社会保险基金的可持续运行，并已进一步使社会保险项目互助共济和分散风险的功能逐步减弱，制约农村牧区留守人员养老保险水平和医疗保险水平的提高②。

综上，内蒙古自治区社会保障改革完善的任务任重道远，各项社会保障制度均未成熟，因此，未来面临的深层次问题和重大挑战更加严峻，能否合理地解决问题和应对挑战，将直接决定着能否实现新型社会保障体系的成熟、定型。

四、完善社会保障建设工程，促进居民共享社会基本公共服务

（一）新时代内蒙古自治区社会保险制度改革完善方面

1. 加强社会保险制度建设

实施企业职工基本养老保险基金中央调剂制度。全面推进机关事业单位养老保险制度改革。落实企业年金办法，推动完善多层次养老保险体系。完善统一的城乡居民基本医疗保险制度和大病保险制度，完善职工医保门诊保障机制，深化医保支付方式改革，全面推行医保智能监控，完善医保医疗服务管理政策，积极推进生育保险和职工基本医疗保险合并实施试点、长期护理保险制度试点。修订实施《失业保险条例》，建立费率调整机制，推动职业人群全覆盖。扎实推进工伤保险基金省级统筹和待遇规范调整，全面启动铁路、公路、水利、能源、机场工程按项目参加工伤保险，全面展开工伤预防工作。完善落实基金监管政策措施。稳步提高社会保障待遇水平。

①② 王延中. 社会保障绿皮书：中国社会保障发展报告 2017 ［M］. 北京：社会科学文献出版社，2017.

2. 加强社会保险经办服务

全面实施全民参保计划，加快推进全民参保登记数据动态管理，深入开展登记数据应用，对新业态从业人员等重点人群实施精准扩面。推进包括农民工和外来就业创业人员在内的各类人员跨省异地就医住院医疗费用直接结算工作。开展社会保障卡线上身份认证与支付结算服务。强化社会保险大数据应用。推动社保经办服务标准化，推进全国统一的社会保险公共服务平台建设。

3. 加强社会保险基金监管

加强基金风险预警防控，开展专项检查，强化监督执法。加强年金基金管理，规范市场运行。推进企业职工基本养老保险基金投资运营，启动城乡居民养老保险基金委托投资运营，推动落实划转部分国有资本充实社保基金实施方案，增强社保基金支撑能力。

(二) 新时代内蒙古自治区社会救助与社会福利制度改革完善方面

1. 进一步做好社会救助兜底保障

做好兜底保障，要在统筹城乡社会救助体系、完善最低生活保障制度上下功夫。健全并发挥好旗县级困难群众生活保障工作协调机制作用，不使困难群众一人"漏救"。完善低保制度，健全低保对象认定办法，根据国家扶贫标准，科学确定并动态调整农村牧区低保标准。继续完善医疗救助制度，努力缓解因病致贫、返贫问题。进一步完善救灾应急启动机制，加强防灾、减灾、救灾和灾后恢复重建工作。

2. 完善社会救助绩效评价指标体系

社会救助作为一项维护社会底线公平的制度安排，承担着为贫困群体提供基本生活保障的重要功能，也是政府公共责任的重要表现。与其他政府部门提供的公共服务一样，社会救助工作是否有效和完善，需要借评价指标体系进行评价，所以，不仅应该建立社会救助工作行政过程的绩效评价，而且更应该建立社会救助制度实施效果、反贫困效应和就业效果的评价指标体系。因此，工作评价和制度评价结合，才能将制度设计的科学性和制度本身发挥的作用显现出来。

3. 完善社会福利制度，健全农村留守儿童、老年人关爱服务体系

扎实开展"合力监护、相伴成长"关爱保护专项行动，加强农村牧区留守儿童和困境儿童基本信息动态管理，健全救助保护机制，完善关爱服务体系。建立联络人和定期探访制度，探索建立关爱服务内容清单，推广为老志愿服务等活动，确保留守老年人得到基本生活照料。同时，积极发展残疾人事业，加大残疾人和公共服务投入，提高残疾人康复服务水平。

4. 深化养老服务与医疗服务的融合

美国著名心理学家马斯洛提出需要层次理论，他将人的需要划分为五个层

级，按照从低级到高级的顺序依次为生理需要、安全需要、社会需要、尊重需要以及自我实现需要。根据这个理论，不同老年人对养老服务的需求是不同的，有的老年人对养老服务的需求停留在生理需要的层面上，有的老年人对养老服务的需求则处在社会需要的层面上。针对需求不同的老年人，应分别提供不同养老与医疗服务。同时，优化政府购买养老服务方式。结合内蒙古自治区经济社会发展水平、政府财政承受能力和老年人基本服务需求，制定政府购买养老服务的指导性目录。政府购买养老服务的内容应根据实际需求进行动态调整，并通过招标采购及其他的方式，购买市场化程度较高的养老服务。在购买范围方面，将政府购买养老服务的范围从经济困难的特殊老年人扩大到全体老年人，使更多的老年人得到实惠；在购买内容方面，重点购买生活照料、康复护理和养老服务人员培养等方面的服务，为特殊需要资助的老年人购买助餐、助医、护理等上门服务。

5. 进一步动员社会力量参与脱贫攻坚

加快实施社会工作专业人才服务边远贫困地区计划。促进慈善事业发展，为脱贫攻坚会聚更多慈善资源；广泛动员社会组织参与脱贫攻坚，引导志愿者和志愿服务组织围绕扶贫济困开展志愿服务活动。积极履行扶贫攻坚牵头联系单位职责，全力推进片区脱贫攻坚和定点扶贫工作。

（三）新时代内蒙古自治区就业制度改革完善方面

1. 多方面拓展就业渠道

指导地方落实完善促进高校毕业生就业创业的政策措施，加强就业与引才政策的统筹，扩大毕业生基层就业、企业吸纳、社会组织就业、新就业形态等各类就业机会，实施高校毕业生基层成长计划，进一步畅通就业渠道。

2. 积极强化就业服务

实施高校毕业生就业创业促进计划，落实能力提升、创业引领、校园精准服务、就业帮扶、权益保护五项行动，同时针对毕业生不同阶段就业创业的需求，组织公共就业人才服务进校园。举办就业服务月、大中城市联合招聘等就业服务专项活动和青年创业创新大赛等创业推进活动，综合运用各种措施，促进高校毕业生就业。

3. 强化对就业困难毕业生的帮扶力度

加强对就业困难毕业生的帮扶；对离校后还没有就业的毕业生进行重点帮扶，开展实名登记，制定个性化求职就业方案，提供岗位信息、职业指导、培训见习等方面的服务；对家庭困难、残疾和长期失业的毕业生，建立专门的方案，优先推荐岗位信息，优先参加培训见习，优先提供创业扶持，帮助其尽快实现就业创业。

4. 推进"大众创业、万众创新"

深入实施"创业内蒙古行动"，加强创业园、创新工厂、创客空间等孵化平台建设，切实解决创业者关心的"场地难""融资难"等实际问题，更好地发挥创业带动就业的引领作用和倍增效应。

5. 加强职业技能培训

建立劳动者终身职业培训制度，完善职业培训政策，大规模开展职业技能培训，不断提升劳动者素质和就业能力。

6. 提供全方位公共就业服务

着力破除妨碍劳动力、人才社会性流动的体制机制弊端，畅通人力资源流动渠道，使人人都有通过辛勤劳动实现自身发展的机会。

（四）新时代内蒙古自治区保障性住房改革完善方面

住房城乡建设事业作为经济发展的重点领域、社会发展的重要方面，要主动适应经济发展新常态，把改革创新贯穿于事业发展全过程，助经济增长、增民众福祉。因此，必须坚持共享发展，补齐各类设施短板；以农牧区危房改造、城镇棚户区改造为重点，着力提升基础设施承载力，改善城乡生活条件。

1. 健全以公共租赁住房为主体，实物保障和租金补贴相结合的城镇住房保障供应体系

鼓励各地通过发放租赁补贴的方式实施公共租赁住房保障；不再新建公共租赁住房，实现公共租赁住房货币化。加快已建公共租赁住房的分配入住。统筹解决低收入困难家庭、新就业职工和各类人才等中低收入住房困难群体、外来务工人员的阶段性住房需求，进一步改善城镇人民群众的居住条件和生活环境。

2. 探索建立向农民工定向供应公共租赁住房的工作制度

对在城镇稳定就业并居住一定年限的农民工，消除户籍差别，按城镇本地户籍居民同等准入条件、同等审核流程、同等保障标准申请享受公共租赁住房保障，逐步实现农民工住房保障常态化。

3. 继续推进各类棚户区改造

依法合规推进棚改，切实做好土地征收、补偿安置等前期工作。建立行政审批快速通道，简化程序，提高效率，对符合相关规定的项目，限期完成立项、规划许可、土地使用、施工许可等审批手续。加强工程质量安全监管，保证工程质量和进度。把城市危旧住房、重点镇和较大建制镇棚户区、符合条件的老旧小区的综合整治改造和非成套住房（包括无上下水、无供热设施等的住房）改造纳入棚改政策范围。

大力推进棚改货币化安置，推进存量商品房和棚改安置房的有机衔接。存量

商品房规模较大的城市，原则上尽可能采取货币化安置，少建棚改安置房。落实好存量商品房用于棚户区、旧城区改造回迁安置房源的转换问题。"十三五"期间，自治区实施的棚户区改造项目，其中货币化安置的比例达到50%以上。

4. 建立健全住房保障监督机制

探索建立保障对象的收入、住房及其他财产情况动态核查机制。建立保障对象主动申报与部门定期核查相结合，公开透明的配租配售和租赁住房补贴审核发放制度，确保保障性住房分配和租赁补贴发放公平公正。建立人性化和法制化相结合的退出机制。探索住房保障、社区、公安等部门协同配合的保障性住房日常管理新模式。健全保障性住房监督机制，实行政策制定公开、建设计划公开、土地供应公开、建设过程公开、资格审核公开、房源分配公开、资金使用公开、后期管理公开、违规查处公开、办事程序公开，以实现保障住房建设管理的公平公正、公开透明。

5. 加大农村牧区危房改造力度

持续解决农村住房安全问题，加快推进贫困地区农村危房改造，统筹开展农房抗震改造，优先支持建档立卡贫困户的危房改造。到2020年，基本解决内蒙古自治区贫困农村牧户住房安全问题，建立健全农村基本住房安全保障长效机制。加快实施游牧民安居工程，基本解决居住在简易蒙古包或危房中的游牧民的住房安全问题。尊重农民的居住传统和生活习惯，合理确立改造方式，引导农民建设安全、节能、舒适、美观的住房。探索解决农村牧区非农（牧）户籍贫困人口的住房安全问题。

第 二 章

内蒙古自治区养老保险发展报告

　　民生问题是社会公众广泛关注的热点问题，其中，养老一直是公众最为关心的民生问题。在刚刚过去的"十二五"时期，内蒙古自治区社会保障事业取得了丰硕的成果，为"十三五"时期社会保障事业的发展奠定了良好的基础。"十三五"时期是内蒙古自治区全面建成小康社会的决战时期、全面深化改革的攻坚时期，人力资源和社会保障事业面临新的发展机遇。2016 年，内蒙古自治区根据人力资源和社会保障部《人力资源和社会保障事业发展"十三五"规划纲要》和《内蒙古自治区国民经济和社会发展第十三个五年规划纲要》，紧密结合内蒙古自治区人力资源和社会保障事业发展实际，编制了内蒙古自治区人力资源和社会保障事业发展"十三五"规划。"规划"明确指出，坚持共享发展理念，加快社会保障领域改革，协调推进城乡区域社会保障事业，力争在"十三五"期末全面建成覆盖城乡居民的社会保障体系，基本实现法定人员全覆盖，进一步完善社会保险筹资机制，使社会保险待遇调整机制更加合理化，稳步提高统筹层次和保障水平，保证基金安全可持续运行。

一、"以民生为本"的内蒙古自治区养老保险制度建设成效

在"十二五"时期，内蒙古自治区人力资源和社会保障事业得到了长足的发展，社会保障体系建设卓有成效。尤其在积极应对人口老龄化、大力推进老龄事业发展的背景下，养老保险制度进一步完善，实现了城镇职工基本养老保险自治区级统筹，全面启动了机关事业单位养老保险制度改革，统一了城乡居民养老保险制度，养老保险关系转移接续更加便捷。到"十二五"期末，内蒙古自治区城镇职工基本养老保险、城乡居民基本养老保险参保人数分别达到579万人和734.1万人，超额完成了"十二五"规划中所规定的发展目标。另外，公共服务信息化进程加快，人力资源和社会保障信息系统基本实现自治区级软件统一和数据集中，加载金融功能的社会保障卡持有人数达到1615.1万人，建成了"内蒙古12333"线上线下一体化公共服务平台。

（一）养老保险制度参保人数不断增加，稳步推进全民参保计划

近年来，内蒙古自治区继续完善城镇职工基本养老保险和城乡居民基本养老保险制度，促进边缘群体积极参保，引导参保人员持续缴费，进一步提高了基本养老保险制度的参保率。

1. 城镇职工养老保险参保人数涨幅显著

2010~2016年，城镇职工基本养老保险参保人数从430.7万人增加到655.0万人，参保人数增加了224.3万人，年均增长率达到7.3%（见图2-1）。从图2-1中可以看出，2010~2016年，除了2012年参保人数增幅有小幅回落之外，其余年份参保人数增幅在不断提高，尤其是从2014年开始，参保人数增长率非常显著。这说明，近年来内蒙古自治区城镇职工基本养老保险制度在扩面征缴工作中取得了较好的进展。

2. 城乡居民养老保险参保人数出现小幅波动

2010年，内蒙古自治区55个旗县区开展了新型农村牧区社会养老保险试点工作，参加"新农保"人数达到216.85万人。到2011年，新型农村牧区社会养老保险试点范围扩大到75个旗县（市、区），在61个旗县（市、区）开展了城镇居民社会养老保险工作，参加"新农保"人数达到343.4万人，比上年增加126.55万人；城乡居民总计参保人数达357万人，比上年增加140.2万人，增长了64.6%。2012年，实现了城镇居民养老保险制度与新型农村社会养老保险制度的并轨。同年，城乡居民基本养老保险制度实现全覆盖，参保人数大幅提高，达到756.1万人，增长率高达111.8%。到2013年，城乡居民基本养老保险参保

人数达 780.3 万人，比上一年增加 24.2 万人。但从 2014 年开始，参加城乡居民基本养老保险人数连续两年下降。虽然从 2016 年开始，参保人数出现了上升的态势，但是增加幅度较小。图 2－2 直观地展示了内蒙古自治区城乡居民基本养老保险参保人数的变化情况，从图中可以看出，制度并轨后城乡居民基本养老保险参保人数基本稳定，虽然在 2014～2015 年出现了参保人数减少的情况，但2016 年已经呈现出小幅增长的趋势。

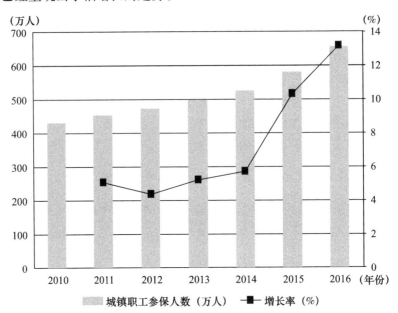

图 2－1　2010～2016 年内蒙古自治区城镇职工基本养老保险参保人数

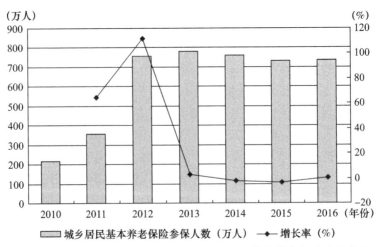

图 2－2　2010～2016 年内蒙古自治区城乡居民基本养老保险参保人数

（二）养老保险基金收支不平衡问题凸显

随着内蒙古自治区养老保险制度覆盖范围的不断扩大以及参保人数的不断增加，基金收支规模也有显著提高。但是随着参保人员年龄结构的变化，基金收不抵支的问题逐渐凸显。

1. 城镇职工养老保险基金收支平稳增长，但累计结余出现负增长

2010~2016 年，内蒙古自治区城镇职工基本养老保险基金收入从 266.9 亿元增加到 612.5 亿元，增长了 2.3 倍。基金支出规模则从 2010 年的 212.6 亿元增加到 2016 年的 627.8 亿元，增长了 3.0 倍。从基金当年收支差额来看，虽然近年来当期结余规模在逐年下降，但始终能够保持当期收入大于当期支出，直到 2016 年，基金首次出现了收不抵支的情况，当期结余为 -15.3 亿元。当然，随着当期结余的减少，基金累计结余规模也出现了负增长（见表 2-1、图 2-3）。这说明，内蒙古自治区城镇职工基本养老保险基金已经出现了收支缺口。

表 2-1 2010~2016 年内蒙古自治区城镇企业职工养老保险基金收支及结余

单位：亿元

年份	基金收入	基金支出	当年收支差	累计结余
2010	266.9	212.6	54.3	257.9
2011	355.4	269.6	85.8	343.7
2012	405.8	343.6	62.2	405.9
2013	461.4	411.3	50.1	456.0
2014	501.7	486.1	15.6	471.6
2015	567.6	565.0	2.6	474.2
2016	612.5	627.8	-15.3	458.9

数据来源：《中国统计年鉴》（2011~2017），国家统计局网站（http://www.stats.gov.cn）。

比较基金的收入和支出水平的增长幅度可以发现，内蒙古自治区城镇职工基本养老保险基金支出的增加速度快于收入的增长速度，如图 2-4 所示。基金收入增长率从 2011 年的 33.16% 下降到 2016 年的 7.91%，基金支出增长率则从 2011 年的 26.81% 下降到 2016 年的 11.12%。2010~2016 年，城镇职工基本养老保险基金收入年均增长幅度为 15.1%，而基金支出年均增长幅度为 19.9%。另外，基金累计结余增长率也从 2011 年的 33.27% 下降到 2016 年的 -3.23%。可见，基金支出增长幅度高于基金收入增长幅度，基金累计结余减少，基金收支平衡面临较大挑战。

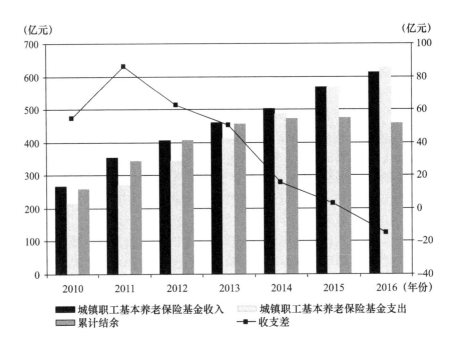

图2－3 2010～2016年内蒙古自治区城镇职工养老保险基金收支及结余

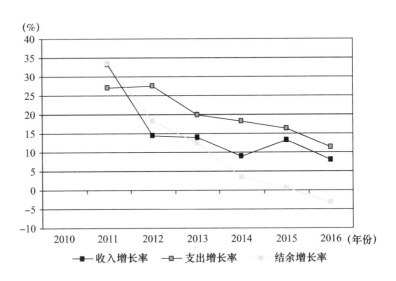

图2－4 2011～2016年内蒙古自治区城镇职工基本养老保险基金收支及结余增长率

2. 城乡居民养老保险基金规模也在不断扩大，但增幅有所放缓

相比城镇职工基本养老保险制度，城乡居民基本养老保险制度因实施时间不

长而表现出基金收入有限、基金规模不大的特征。如表 2－2 所示，2010 年，新型农村社会养老保险基金收入 5.6 亿元，基金支出 2.9 亿元，累计结余 7.7 亿元。到 2012 年制度并轨后，城乡居民基本养老保险基金收入有了大幅提升。在 2012～2016 年，基金收入从 33.1 亿元增加到 45.6 亿元，翻了 1.4 倍；基金支出则从 19.7 亿元增加到 37.7 亿元，翻了 1.9 倍；基金累计结余也从 38.1 亿元增加到 75.3 亿元，翻了近 2 倍。

表 2－2 2010～2016 年内蒙古自治区城乡居民基本养老保险基金收支情况

单位：亿元

年份	城乡居民基本养老 保险基金收入	城乡居民基本 养老保险基金支出	城乡居民基本养老保险 基金累计结余	收支差
2010	5.6	2.9	7.7	2.7
2011	10.9	6.7	13.2	4.2
2012	33.1	19.7	38.1	13.4
2013	44.1	27.3	58.1	16.8
2014	33.8	29.2	62.7	4.6
2015	41.4	36.8	67.3	4.6
2016	45.6	37.7	75.3	7.9

注：表中 2010 年、2011 年数据为内蒙古自治区新型农村社会养老保险基金数据。

数据来源：《中国统计年鉴》（2011～2017），国家统计局网站（http：//www. stats. gov. cn）。

从城乡居民基本养老保险基金收支及累计结余可以看出，近年来内蒙古自治区城乡居民基本养老保险制度的运行情况良好，为广大老年群体提供了较好的生活保障，尤其是新型农村社会养老保险制度与城镇居民社会养老保险制度的并轨，对扩大基金收入来源以及提高保障水平都起到了非常积极的作用。从图2－5 可以看出，制度并轨后基金收入年均增长率为 10.6%，基金支出年均增长率为 18.5%，累计结余年均增长率为 19.9%。虽然基金支出增长率高于基金收入增长率，基金当期结余在 2013 年后出现下降趋势，但从累计结余以及累计结余增长率来看，基金积累额度相对充足。可见，城乡居民基本养老保险制度资金保障相对充足。

（三）养老保险制度保障效果显著提高

随着内蒙古自治区基本养老保险制度的覆盖范围逐步扩大、享受养老保险待遇的人数不断增加，养老保险待遇水平也在不断提高。

1. 养老保险待遇水平不断提高

如表2-3所示，2015年内蒙古自治区企业退休人员养老金月人均待遇水平为2142元，比2010年的1405元提高了737元，有了较大幅度的提高。到2016年，养老金月人均待遇水平提高到2313元，比上一年提高了171元。

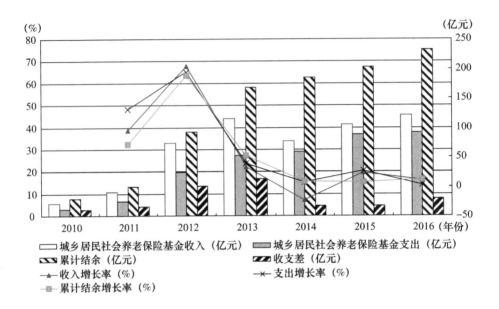

图2-5 2010～2016年内蒙古自治区城乡居民基本养老保险基金收支变化

2010～2016年，城乡居民基本养老保险待遇也有了显著提高。到2016年，城乡居民基本养老保险基础养老金提高到90元/月，人均待遇水平达到143.9元/月，高于全国110元/月的平均水平。

表2-3 2010～2016年内蒙古自治区企业退休人员养老金待遇水平

单位：元,%

年份	2010	2011	2012	2013	2014	2015	2016
月人均待遇水平	1405	1550	1730	1840	—	2142	2313
增长率	—	10.32	11.61	6.36	—	—	7.98

数据来源：《内蒙古自治区人力资源和社会保障事业发展统计公报》（2010～2014），内蒙古自治区人民政府网站（http://www.nmg.gov.cn），2016年数据根据内蒙古自治区人力资源和社会保障事业发展"十三五"规划计算所得。

2. 城乡居民养老保险享受待遇人数刷新历史新高

2012 年内蒙古自治区新型农村牧区社会养老保险制度与城镇居民社会养老保险制度并轨后，享受待遇人数不断上升。如图 2-6 所示，制度并轨后城乡居民基本养老保险享受待遇人数从 2012 年的 184.9 万人增加到 2016 年的 211.7 万人，增加了 26.8 万人。

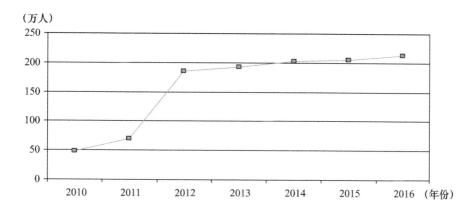

图 2-6　2010~2016 年内蒙古自治区城乡居民基本养老保险享受待遇人数

3. 高龄老人养老金待遇稳步提高

在老龄化、高龄化问题日益突出的背景下，内蒙古自治区坚持退休人员养老金倾斜调整原则，稳步提高高龄老人养老金待遇水平。2015 年，在退休人员基本养老金每人每月增加 55 元的基础上，年龄为 70 周岁的退休人员，每人每月增加 40 元；70 周岁以上的退休人员，每增加一岁，养老金再增加 4 元[1]。2016 年，在退休人员基本养老金每人每月增加 47 元的基础上，年龄为 70 周岁的退休人员，每人每月增加 30 元；70 周岁以上的退休人员，每增加一岁，养老金再增加 3 元[2]。除此之外，继续调整高龄津贴，从 2016 年 10 月 1 日起，100 周岁以上（含 100 周岁）老年人高龄津贴由每人每月 300 元提高到 600 元。

（四）养老保险关系转移接续政策得到进一步完善

2009 年，为了促进人力资源合理配置和有序流动，保证参保人员跨省、自

---

① 《关于 2016 年调整退休人员基本养老金的通知》（内人社发〔2016〕40 号），内蒙古人力资源和社会保障厅网，http：//www.nmg.gov.cn。

② 《关于 2017 年调整退休人员基本养老金的通知》（内人社发〔2017〕30 号），内蒙古人力资源和社会保障厅网，http：//www.nmg.gov.cn。

治区、直辖市（以下简称跨省）流动并在城镇就业时基本养老保险关系的顺畅转移接续，国务院批准了人力资源和社会保障部及财政部共同制定的《城镇职工基本养老保险关系转移接续暂行办法》，并于2010年1月1日起实施了《国务院办公厅关于转发人力资源和社会保障部财政部城镇企业职工基本养老保险关系转移接续暂行办法的通知》（国办发〔2009〕66号）。同年，内蒙古自治区根据该文件精神颁发了《内蒙古自治区城镇企业职工基本养老保险关系区内转移接续暂行办法》（内政办发〔2010〕73号）。到2014年，内蒙古自治区为了维护流动就业人员的养老保障权益，结合本地区实际，又印发了《内蒙古自治区城镇企业职工基本养老保险关系区内转移接续办法》（内政办发〔2014〕23号），同时废止了内政办发〔2010〕73号文件。截至2016年，内蒙古自治区各地区采取多种措施，确保养老保险关系转移接续工作顺利推进，均取得了较为瞩目的成绩。例如，到2016年4月，通辽市已经为910人办理了转移接续手续，涉及转移养老保险费金额达到736万元。

（五）积极开展养老保障业务培训工作

近年来，内蒙古自治区积极开展养老保障业务培训工作，重点提高基层工作人员的业务能力。2014年，为进一步提高全区社会保险基金监督工作人员的业务素质和依法行政水平，加强全区社保基金监管能力建设，内蒙古自治区举行了第二期社会保险基金监督检查培训班，为150名基层工作人员提供了培训。2016年，内蒙古自治区以"送培训上门"的方式，累计培训了10个盟市的近1300名业务经办人员取得了较好的效果。与此同时，在12个盟市开展城乡居民养老保障业务培训到基层工作，送培训下乡，送政策下乡，着实提高了基层养老保障工作人员的业务能力。

（六）企业年金账户及资产金额稳步增长

企业年金制度作为基本养老保险制度的重要补充，在各级部门的高度重视下，得到了快速发展。2016年，为建立多层次的养老保险制度，推动企业年金发展，更好地保障职工退休后的生活，人力资源和社会保障部及财政部审议通过了《企业年金法》，从2018年2月1日起实施。企业年金是企业及其职工在依法参加基本养老保险的基础上，自愿建立的补充养老保险制度。企业和职工建立企业年金，应当依法参加基本养老保险并履行缴费义务，且要求企业具有相应的经济负担能力。

近年来，内蒙古自治区企业年金有了一定发展。如表2-4所示，2015年，内蒙古自治区建立企业年金的企业数量为430个，比2012年增加了100个；职工账户却下降到 19.5 个，比 2012 年减少了 7.3 个；资产金额达到 53.93 亿元，比 2012 年提高了约 3.34 倍。可以看出，内蒙古自治区建立企业年金的企业数量在逐年增加，资产金额也有了大幅度的提高，但是职工账户数量却在减少。

表 2 - 4 2012 ~ 2015 年内蒙古自治区企业年金概况

年份	企业账户（个）	职工账户（个）	资产金额（亿元）
2012	330	267864	16.14
2013	379	284957	28.17
2014	400	253688	38.78
2015	430	194719	53.93

注：本表统计依照分级管理和属地原则，不包括人社部备案的单一计划及加入集合计划的中央企业。

数据来源：人力资源和社会保障部基金监督司，《全国企业年金基金业务数据摘要》（2012 ~ 2015），人力资源和社会保障部网站（http://www.mohrss.gov.cn）。

（七）养老保险制度信息化建设工作取得重大突破

近年来，内蒙古自治区基本养老保险制度信息化建设取得了长足的进步。社会保障卡的发放，社会保障公共服务平台、社会保障服务五级网络的建设等均取得了显著的成绩。

1. 社会保障卡覆盖率有所提高

内蒙古自治区自 2010 年起全面启动社会保障"一卡通"工程以来，社会保障卡持卡人数逐年增加，到 2015 年持卡人数增加到 1615.1 万人，比上年增加了 603.1 万人，社会保障卡覆盖率达到 64.4%。另外，内蒙古自治区社会保障卡业务实现了全程无纸化、社保卡服务网络化办理。例如，在社会保障卡的申领、发放和提供相关人力资源和社会保障服务等方面均实现了全程无纸化、网络化办理。

2. 社会保障服务网络建设初具规模

内蒙古自治区社会保障五级服务网络初步形成，社会保障服务延伸到嘎查（村）。为配合自治区农村牧区"十个全覆盖"工程的顺利推进，自治区人力资源和社会保障厅依托具有金融功能的便民超市，布置智能 POS 终端和人体生物特征识别设备，全面推进"社会保障卡综合服务点"建设，实现持卡人员"社保查询、选档缴费、资格认证、待遇领取、持卡消费"五个不出村服务。

3. 服务渠道多元化

内蒙古自治区按照《人力资源和社会保障部办公厅关于加快推进 12333 电话咨询服务事业发展的指导意见》（人社厅发〔2016〕186 号）精神，积极推动实现 12333 电话咨询服务机构实体化、咨询专业化、服务规范化、渠道多样化和管理一体化，取得了较为可喜的成绩。

另外，内蒙古自治区推出"内蒙古 12333"微信公众平台，以提升实用度、关注度、便捷度为着力点，受到越来越多社会公众的青睐。截至 2016 年 7 月 10 日，公众号共推送图文消息 200 余条，关注人数已达到 30 万人，平均每周增长近万人次，平均每月阅读量达到 17 万次。

二、新时期内蒙古自治区养老保险制度发展面临的困境

通过近些年的快速发展，内蒙古自治区养老保险制度取得了较为显著的成果。但是，进入新时期，内蒙古自治区养老保险制度进一步发展仍然面临诸多困境。

（一）为实现全民参保计划，养老保险扩面征缴工作仍需加强

近年来，内蒙古自治区城镇职工基本养老保险和城乡居民基本养老保险参保人数均有了大幅度的增加，到 2015 年，基本养老保险参保率达到 75%。内蒙古自治区人力资源和社会保障事业"十三五"规划中提出，到 2020 年，基本养老保险参保率达到 90%。要想实现该目标，基本养老保险扩面征缴工作仍需要进一步增强，并做好重点群体参保工作。当前，部分灵活就业人员以及流动人口的参保率相对较低且存在较为突出的参保不稳定问题。

（二）养老保险参保人员年龄结构进一步老化

从城镇企业职工基本养老保险参保人员年龄构成来看，参保人员年龄结构老化问题突出。如图 2-7 所示，2016 年，内蒙古自治区参加城镇职工基本养老保险的离退休人员数量达到 236.5 万人，比 2010 年的 119.2 万人增加了 117.3 万人，年均涨幅为 12.1%；而同期在职人员数量则从 2010 年的 292.2 万人增加到 2016 年的 418.6 万人，增加了 126.4 万人，年均涨幅为 6.3%，远低于离退休人员的增长率。可以看出，虽然离退休人员增幅有大有小，但增长率总体保持在较高水平，尤其到 2016 年，增幅达 13.65%，是近年来增长幅度最大的一年。反观在职人员增长率长期较低，再结合内蒙古自治区人口老龄化数据，不难看出，参保人员年龄结构老化现象非常突出，这也将进一步影响城镇职工基本养老保险基金的收支平衡。

从城乡居民基本养老保险参保人员年龄结构来看，参保人数中达到领取待遇年龄的参保人数占比在逐年上升，从 2012 年的 24.45% 提高到 2016 年的 28.76%，如图 2-8 所示。这说明，城乡居民基本养老保险参保人员中老龄人口

占比接近 1/3，对基金支出的要求在不断增加。

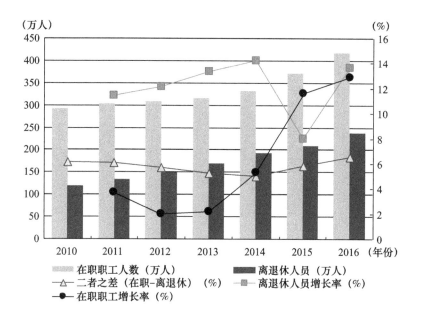

图 2 - 7　2010 ～ 2016 年内蒙古自治区城镇企业职工基本养老保险参保人员数量变化

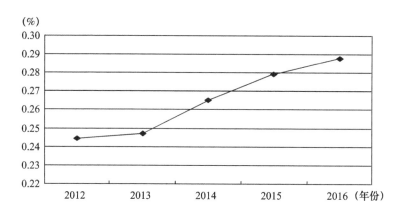

图 2 - 8　2012 ～ 2016 年内蒙古自治区城乡居民基本养老保险参保人员年龄结构

注：2015 ～ 2016 年数据为实际领取待遇人数占比。

（三）基金安全可持续运行压力增大

从前面的基金收支数据我们可以看出，养老保险基金规模在不断扩大，但增长速度已放缓，基金安全可持续运行压力不断增加，尤其城镇职工基本养老保险基金已经出现了收不抵支的情况，从 2016 年开始累计结余已出现负增长。城乡居民基本养老保险基金虽然还没有出现收不抵支的情况，但支出规模快速增长的态势也非常明显。导致养老基金收支难以平衡的原因有很多，主要包括基本养老保险扩面征缴空间缩小、筹资机制有待完善、享受待遇群体规模不断扩大等。如前所述，参保人员结构老化必然影响基金筹集规模。2010～2016 年，城镇职工基本养老保险参保人员中在职职工和离退休人员比例不断下降，从 2010 年的 2.5：1 下降到 2016 年的 1.8：1，如图 2 - 9 所示。这说明，城镇职工基本养老保险制度的老年抚养比不断提高，严重威胁到养老金的收支平衡。从图 2 - 8 可以看出，城乡居民基本养老保险待遇领取人数占比也在逐年增加，同样影响基金可持续运行。

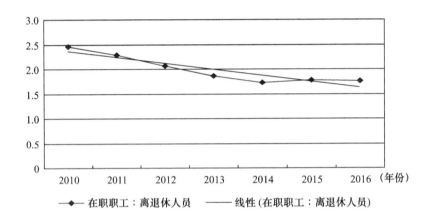

图 2 - 9　2010～2016 年内蒙古自治区城镇职工基本养老保险参保人员年龄结构

从筹资机制角度而言，2015 年国务院发布了《基本养老保险基金投资管理办法》，宣布我国养老基金将正式进行市场化的投资运营，这是我国养老保险制度改革发展史上的一次重大突破。虽然关于基本养老保险基金市场化投资有了具体的部署，但是地方养老金投资工作仍未完全落实，将投资收益作为重要的筹资渠道还需一段时间。

除此之外，养老金的刚性特征决定了养老保险待遇水平的不断提高。到 2016 年，内蒙古自治区企业退休人员养老金月人均待遇水平已经达到 2313 元，在 2010 年的基础上增加了 908 元。同样，城乡居民基本养老保险基础养老金月均标准达到 90 元，人均待遇水平达到 143.9 元/月。可见，不断提高的养老保险待遇水平增加了基本养老保险基金的支出压力，必须通过合理的渠道增加基金筹资规模，保证基金安全可持续运行。

（四）养老保险待遇水平相对较低

虽然近年来内蒙古自治区基本养老保险待遇水平有了较大幅度的提高，但相对生活成本而言，待遇水平仍处于较低水平。到 2016 年，企业退休人员养老金月人均待遇水平达到 2313 元，较 2015 年上涨了 6.5%。与此同时，企业在职职工平均工资从 2015 年的 4531 元/月提高到 2016 年的 5166 元/月，上涨了 14%。企业退休人员养老金占在职职工平均工资比例从 2015 年的 47.3% 下降到 2016 年的 44.8%。可见，企业职工养老金待遇水平相对较低，没有达到共享发展成果的目标。

（五）企业年金发展停滞不前

企业年金是我国多层次养老保障体系的第二支柱年金制度的一部分。从全国层面来看，企业年金发展相对缓慢，参与企业年金的企业数量经历了从 2011 年到 2013 年的高速增长后，自 2014 年起快速下降，到 2015 年参与企业年金的企业数量和职工人数增幅分别仅为 2.94% 和 1.01%，创下历史新低，到 2016 年企业年金覆盖率仅为 6.7%。与全国情况相同，内蒙古自治区企业年金发展更为缓慢，近两年更是停滞不前，2015 年参与企业年金的职工数量较上一年下降了 5.9 万。另外，企业年金 3/4 的缴费额来自国有企业，以中小企业为主的民营企业占比很小，这成为企业年金制度发展一个突出的结构性问题。从行业分布来看，参加企业年金的行业多集中在能源、电力、金融等垄断型、资源型或盈利性较好的领域。参与率低、覆盖面小，成为企业年金发展的主要问题。企业年金发展滞后也将进一步影响多层次养老保障体系的建设进程。

（六）基层养老服务能力有待进一步提高

近年来，内蒙古自治区陆续开展了多次提升养老保障服务能力的培训工作，也加大了基层养老保障基础设施建设的投入力度，但是基层养老服务能力与人民群众日益增长的需求之间仍存在很大差距。尤其旗、县、苏木、乡镇、街道社会保障服务设施不够健全，缺乏配套设备，服务环境有待改善，缺乏专业化、职业化的从业人员。

（七）养老保险基层公共服务平台的信息化建设有待进一步提升

随着"内蒙古 12333"电话咨询、门户网站、手机客户端、微信公众平台等的陆续应用，内蒙古自治区养老保险公共服务信息化建设发展较快，取得了明显的成效。但覆盖全区、联通城乡的社会保障信息网络还未建成，自治区级的数据库建设还需要进一步完善，金保工程二期还未建设完成，与多部门共享信息和业务协调平台还有待建立和完善。另外，社会保障卡覆盖率需要进一步提高，用卡终端环境和安全保障体系需要进一步完善，社会保障卡便民服务体系有待健全。

三、新时期完善内蒙古自治区养老保险制度的建议

习近平总书记在党的十九大会议上提出要"按照兜底线、织密网、建机制的要求，全面建设覆盖全民、城乡统筹、权责清晰、保障适度、可持续的多层次社会保障体系。全面实施全民参保计划。要完善国民健康政策，为人民群众提供全方位、全周期的健康服务"。会上明确提出了建立多层次社会保障体系及推进"健康中国战略"的基本方向。所以，内蒙古自治区应结合本地区实际，针对基本养老保险制度发展过程中存在的问题及面临的困境，多措并举，进一步完善和健全内蒙古自治区基本养老保险体系。具体措施如下：

（一）鼓励边缘群体持续参保

内蒙古自治区基本养老保险扩面征缴空间不断缩小，要想实现全民参保计划，进一步提高参保率，必须重点关注边缘群体的参保问题，需要通过合理的、灵活的制度设计和政策措施引导并鼓励该群体参保并且持续参保。在城镇继续以中小微企业、灵活就业人员为重点扩大参保覆盖面。在农村牧区以城乡之间流动就业和居住农牧民为重点，鼓励持续参保。积极引导在城镇稳定就业的农牧民工参加城镇职工基本养老保险制度，通过缴费激励约束参保群体。

（二）健全养老保险筹资机制，提高养老保险基金收入

针对基本养老保险基金收入增长速度放缓的情形，进一步健全基本养老保险筹资机制，多渠道、多形式筹资，加强监管，降低筹资风险。

1. 继续增加参保人员数量，调动参保人缴费积极性

通过合理的激励机制，引导和鼓励各类人员及早参保、长期参保和连续参保，确保养老保险基金收入稳定。养老保险制度的激励机制主要通过缴费与待遇挂钩的形式体现，因此，逐步提高个人账户比例，加强缴费水平与预期收益之间的关联性，完善异地转移接续办法，充分展现养老保险制度的激励机制。

2. 加强征缴环节的监管，降低筹资风险

通过有效的监督，避免参保单位拖欠基本养老保险费。由于我国一直以来都以社会保险费的形式收缴，因而缺乏法律强制力，内蒙古自治区参保单位拖欠基本养老保险费的情况较为突出。针对该情形，可以采取将拖欠基本养老保险费的

参保单位名单公布于人力资源和社会保障厅网站，并与相关税收优惠政策等挂钩，如果出现恶意拖欠基本养老保险费的情况，将取消相关税收优惠政策，加大惩罚力度，从而减少参保单位恶意拖欠基本养老保险费的现象，保证基金的收入稳定。

3. 积极推进养老金市场化投资运营，拓宽基金筹资渠道

在国家相关政策规定的引导下，积极开展基本养老金市场化投资，提高投资效率，在保证安全的前提下，结合本地区实际，积极寻求更加合理、更具收益性的投资方案，提高投资收益率，增加养老基金收入。建立健全基金投资运营监管、报告和信息披露制度，保证基金投资运营的安全有效。

（三）完善养老保险待遇给付机制，保证养老保险基金支付稳定

针对基本养老保险基金支付压力日益增加的情形，进一步完善基本养老保险待遇给付机制，认真贯彻国家渐进式延迟退休年龄政策，加强给付环节监管，降低基金给付风险。

1. 贯彻国家渐进式延迟退休年龄政策

人口老龄化导致领取待遇人数快速增加是养老保险基金支付压力增加的一个原因。我国现行法定退休年龄规定是在 20 世纪 50 年代，我国人均预期寿命不足 50 岁的情况下，充分考虑了当时的劳动条件、人均寿命以及性别特点等因素后确定的。随着我国经济社会的不断发展以及人均寿命的不断延长，延迟退休年龄是一种必然趋势。为此，党的十八届三中全会、五中全会决定都对研究制定渐进式延迟退休年龄政策提出了明确要求。人力资源和社会保障部"十三五"规划中也明确提出，在"十三五"期间制定出台渐进式延迟退休年龄方案。因此，在国家出台相关方案的前提下，认真贯彻延迟退休政策，促进养老保险制度可持续发展。

2. 加强给付环节的监管，降低给付风险

待遇给付是养老保险制度的最终目的。通过加强基金给付环节的监管，杜绝骗领、冒领等现象，降低给付风险，保证养老保险基金的正常发放。在具体实施过程中，可以将养老保险待遇领取过程中的违法、违纪行为与本人及子孙信用等级挂钩，从而降低乃至消除养老保险基金的给付风险。

（四）多措并举，稳步提高养老金待遇水平，共享发展成果

1. 建立健全养老保险待遇合理调整机制

建立健全基本养老保险待遇合理调整机制，充分考虑不同群体间的收入分配差距，形成一个长效联动机制。通过调整机制，适当提高退休人员基本养老金和

城乡居民基础养老金标准，让全体社会成员共享发展成果。

2. 认真贯彻基础养老金全国统筹政策

城镇职工基本养老保险制度提高统筹层次，实现全国统筹，有利于内蒙古自治区养老保险制度的可持续发展。因此，认真贯彻城镇职工基础养老金全国统筹政策，制定具体实施细则，积极推进相关工作进展，争取早日实现全国统筹。

3. 加大财政投入力度，稳步提高养老金待遇水平

加大财政投入，提高离退休人员基础养老金和城乡居民基础养老金标准。在具体实施过程中，可以根据内蒙古自治区各地区经济发展水平制定各级财政投入比例，充分考虑各级财政尤其是基层财政的可承受能力。

（五）建立可持续的多层次养老保险制度

建立多层次养老保险制度体系，合理区分政府、单位和职工的养老责任，是积极应对人口老龄化、促进养老保险制度可持续发展的迫切需要。我国多层次养老保险制度包括基本养老保险、企业（职业）年金、个人储蓄性养老保险和商业养老保险。

1. 加快发展企业年金制度

在《企业年金法》实施之际，要通过多种途径加大政策宣传力度，提高企业年金的影响力。与此同时，结合本地区实际情况，积极探索、鼓励和引导更多具备条件的用人单位包括中小企业建立企业年金制度，扩大企业年金覆盖面。

2. 转变养老观念，做好社会养老保险与商业养老保险制度的衔接

通过多种渠道，引导人们转变养老观念，鼓励有条件的参保者积极参与商业养老保险制度，并做好社会养老保险与商业养老保险制度的有效衔接，充分发挥商业养老保险的补充养老作用。

（六）进一步加快养老保险制度信息化建设

1. 加快建设基层社会保障综合服务平台

继续推进旗县级、苏木乡镇（街道）劳动就业和社会保障服务设施建设，配套必要设备，改善服务环境，建立"一站式"公共服务平台。大力推进苏木乡镇（街道）服务站，嘎查村（社区）劳动就业、社会保障以及农牧民工服务窗口与其他公共服务设施共建共享。充分利用现有设施资源，依托云计算、大数据、移动互联等技术，大力发展网上服务。

2. 加快金保工程二期建设

建成覆盖全区、联通城乡的人力资源和社会保障信息网络，完善安全保障体系和自治区级数据中心。实施"互联网＋人社"行动，推广和完善"内蒙古

12333"门户网、手机客户端、官方微信等"人社云"平台应用，打造"内蒙古12333"一体化公共服务品牌。建立健全大数据形成机制，构建人社大数据应用体系，建立和完善与公安、民政、财政、工商等部门信息共享和业务协同的外部数据交换平台。

3. 加快推进社会保障"一卡通"业务

根据"十三五"规划要求，社会保障卡持卡人口覆盖率要从 2015 年的 64.4% 提高到 2020 年的 83.6%。要想实现该目标，必须加快推进社会保障"一卡通"在人社领域和其他公共服务领域的应用，实现社会保障卡"一卡多用、全区通用"。加强统计信息化建设，进一步发挥信息资源对统计工作的支撑，提升统计工作的时效性、准确性和安全性。

（七）完善基本养老保险制度化建设

完善社会保险基金预决算制度，强化内控机制建设，推进财政对社会保障投入规范化、制度化。坚持精算平衡，完善筹资机制，明确政府、企业、个人等的责任。推进落实国家关于划转部分国有资本充实社保基金的工作。

（八）加强养老保险基金监督管理

健全现场监督与非现场监督、行政监督与社会监督相结合的监管体系，完善基金监督信息系统，健全社会保险违法、失信行为联合惩戒机制。完善社会保险欺诈查处和移送制度，健全基金监管行政执法与刑事司法衔接机制。加强基金监管队伍和监管能力建设，规范监督执法程序和标准，推进持证监督。

第 三 章

内蒙古自治区医疗保险发展报告

　　基本医疗保险制度是我国政府改善民生的一项重要决策，也是我国基本医疗卫生制度的重要组成部分，它在维护社会稳定和谐、发展经济、保障人民群众身心健康、减轻劳动者医疗费用、提高国民素质等方面发挥着巨大作用。内蒙古自治区基本医疗保险制度经过几十年的改革，取得了一定的成绩，也存在很多问题亟须解决。

一、基于全民健康理念下的内蒙古自治区医疗保险制度建设成效

近年来，随着全民医疗保险体系的推进，内蒙古自治区基本医疗保险覆盖面继续扩大、统筹层次逐步提高，省内省外异地就医直接结算工作取得新进展。同时，城乡居民大病保险实现全覆盖，基本医疗保险药品目录不断扩大，医疗保险支付制度不断深化改革，基金抗风险能力逐步提高，基本医疗保险的保障能力逐步增强，为建立实施"健康内蒙古"战略打下了坚实的基础。

（一）建立了统一的城乡居民医疗保险制度

为推进内蒙古自治区医药卫生体制改革，实现城乡居民公平享有基本医疗保险权益，促进社会公平正义，推动医疗保险事业可持续发展，根据《中华人民共和国社会保险法》《国务院关于整合城乡居民基本医疗保险制度的意见》（国发〔2016〕3号）和《内蒙古自治区城镇基本医疗保险条例》，结合内蒙古自治区的区情，内蒙古自治区人民政府办公厅于2016年6月12日发布了《内蒙古自治区整合城乡居民基本医疗保险制度工作方案》，各盟市就此拉开了城镇居民基本医疗保险和新型农村合作医疗制度整合的帷幕。2016年11月1日，内蒙古自治区人民政府又颁发了《内蒙古自治区人民政府关于建立统一的城乡居民基本医疗保险制度的实施意见》，要求从2017年1月1日开始，各统筹地区实行统一的城乡居民基本医疗保险制度。为此，各统筹地区在这两年里陆续颁发了有关城乡居民基本医疗保险的整合文件和具体实施细则，标志着内蒙古自治区建立了统一的城乡居民基本医疗保险制度。

（二）医疗保险制度实现了制度全覆盖，参保人数不断增加

内蒙古自治区基本医疗保险制度由城镇职工基本医疗保险制度和城乡居民基本医疗保险制度两部分组成，随着2007年城镇居民基本医疗保险制度的建立，内蒙古自治区基本医疗保险制度实现了制度全覆盖。由于还有部分人员没有参保，因此还没有真正实现人群全覆盖，但参保人数在逐年上升。如图3-1所示，截至2016年底，内蒙古自治区城镇基本医疗保险参保人数为1019.8万人，比上年增加11.7万人。其中，城镇职工基本医疗保险人数为488.8万人，比上年末增加11.4万人；城镇居民基本医疗保险人数为531万人，比上年增加0.4万人。在城镇职工基本医疗保险参保人数中，参保职工人数为342.7万人，比上年末增加16.6万人；参保退休人员的人数为146.1万人，比上年末增加4.7万人。另外，截至2015年底，101个县（市、区）全部实施了新型农村合作医疗制度，参合

人数为 1285 万人，比上年减少了 4.3 万人。目前，内蒙古自治区基本医疗保险覆盖所有城镇职工及城乡居民，从未出生的胎儿到耄耋的老人都可以参保。

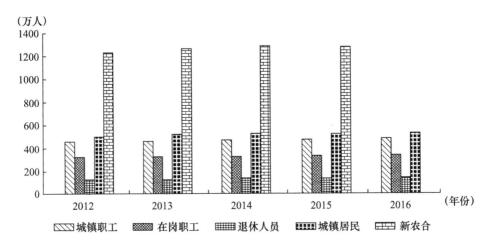

图 3 – 1　2012 ~ 2016 年内蒙古自治区基本医疗保险参保人数

（三） 医疗保险的筹资水平逐年提高

城镇职工基本医疗保险的筹资主要来源于用人单位和职工本人的缴费，城乡居民基本医疗保险的筹资由各级政府的财政补助和个人缴费构成。

1. 城镇职工基本医疗保险基金的筹资水平逐年提高

随着基本医疗保险覆盖范围的扩大，城镇职工基本医疗保险基金的筹资水平也在逐年提高。如图 3 – 2 所示，2016 年，城镇职工基本医疗保险基金年人均筹资额为 3680.44 元，年均增长 11%。

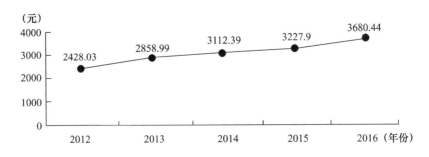

图 3 – 2　2012 ~ 2016 年内蒙古自治区城镇职工基本医疗保险基金年人均筹资额

2. 城乡居民基本医疗保险基金的年人均筹资水平逐年提高

从新型农村合作医疗制度和城镇居民基本医疗保险制度建立以来，其基金的筹集一直以财政补助为主、个人缴费为辅。因此，基本医疗保险基金人均筹资水平的提高主要是财政补助在逐年提高。如图 3 - 3 所示，2016 年，内蒙古自治区城镇居民医疗保险基金的年人均筹资额为 482.11 元，年均增长 51.2 元，增长率为 16.4%。其中，财政补助年人均增长 44 元，年均增长率为 16%。如图3 - 4 所示，2015 年，内蒙古自治区新型农村合作医疗的年人均筹资额为 490.3 元，年均增长 61 元，增长率为 18.8%。其中，财政补助年人均增长 45 元，年均增长率为 17.4%。自 2017 年 1 月 1 日新型农村合作医疗制度和城镇居民基本医疗保险制度合并以来，财政补助继续增加，增加到人均 450 元/年，人均缴费不低于 180 元/年。

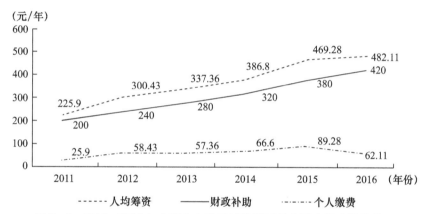

图 3 - 3　2011 ~ 2016 年内蒙古自治区城镇居民基本医疗保险筹资情况

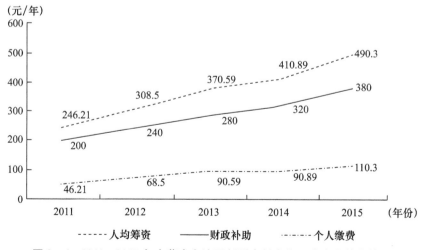

图 3 - 4　2011 ~ 2015 年内蒙古自治区新型农村合作医疗资金筹集情况

(四) 医疗保险待遇水平稳步提高

1. 两大医疗保险最高支付限额进一步提高

内蒙古自治区 12 个盟市和满洲里市、二连浩特市的城镇职工和城乡居民基本医疗保险最高支付限额均达到当地职工平均工资和居民年可支配收入的 6 倍以上。例如,包头市于 2015 年将城镇职工基本医疗保险的最高支付限额调整到 32 万元;巴彦淖尔市于 2017 年将城乡居民基本医疗保险的最高支付限额调整到 20 万元。另外,从 2014 年 10 月 1 日开始,内蒙古自治区新型农村合作医疗对部分重大疾病 (儿童先天性心脏病、儿童白血病、重性精神病) 的最高支付限额也进一步提高。其中,儿童先天性心脏病的补偿最高限额由 2.5 万元增加到 3 万元,新增的儿童复杂先天性心脏病最高限额为 5 万元;儿童白血病在急性淋巴细胞白血病和急性粒细胞白血病基础上扩大为急性淋巴细胞白血病、急性非淋巴细胞白血病,即包括了所有的儿童急性白血病,且补偿标准从最高 12 万元调整到最高 15 万元。

2. 两大医疗保险的住院医疗费用报销比例有所提高

据《内蒙古自治区人力资源和社会保障厅 2016 年工作总结》显示,2016 年,全区城镇职工、居民医保政策内住院费用平均报销比例保持在 85% 和 73% 左右,城镇居民大病保险政策内费用报销比例达到 60%。从 2014 年 10 月 1 日开始,新型农村合作医疗制度提高了部分重大疾病 (儿童先天性心脏病、儿童白血病、重性精神病) 的报销比例,报销比例高达 80%。从 2015 年 3 月底开始,自治区将治疗非小细胞肺癌、结直肠癌、慢性髓性白血病等 8 种恶性肿瘤所需的 12 种靶向药物纳入城镇基本医疗保险可支付范围,以进一步减轻患者医疗费用负担。具体支付比例如下:恶性肿瘤靶向药物治疗获得慈善机构赠药前的费用由城镇基本医疗保险统筹基金支付 35%,城镇职工再由大额医疗保险支付 35%,城镇居民则由大病保险再支付 35%。一个年度内支付的恶性肿瘤靶向药物治疗费用不得超过年度最高支付限额。经批准转往区外定点医疗机构进行恶性肿瘤靶向药物治疗的,报销比例在原来报销标准的基础上从统筹基金中降低 5%。

3. 大病保险实现城乡全覆盖

2013 年,内蒙古自治区在呼和浩特、包头、赤峰、鄂尔多斯、巴彦淖尔、乌海 6 市开展全区城镇居民大病保险试点,随后,其他盟市也相继铺开。2015 年 6 月底,随着通辽市全面推行并兑现城镇居民大病保险,城镇居民大病保险在内蒙古自治区实现了全覆盖。截至 2015 年 7 月,全区城镇参保人数为 528.3 万人,对参保人员基本医保报销后的个人负担费用，大病保险平均报销比例超过了50%①。全区城乡居民大病保险共为1095万人提供了大病医保，共计补偿医药费用4.17亿元，共有76929人次受益，对参保人报销的医药费用达到了总医药费用的58%②。大部分盟市不设起付线，个别盟市的起付线标准为7000元至1.5万元，乌兰察布市、鄂尔多斯市等4个盟市不设封顶线③。截至2017年底，随着大病保险制度的不断完善，经基本医疗保险报销后的个人医疗负担，大病保险对合规医疗费用平均报销比例已达到60%④。

4. 医疗保险药品目录进一步扩大

根据"中西蒙医并重"的原则，结合中、蒙医用药因地制宜、因时制宜的特点，内蒙古自治区新医保目录遴选扩大了中、蒙药品种范围，提高了中、蒙药在目录中的比重。这充分说明，在现有的医保支付能力下，内蒙古自治区优化了中、西、蒙药资源配置，在新医保目录中突出了中、蒙医药特色和优势，使内蒙古自治区基本医疗保险药品目录中的用药结构更加趋于合理化。

2017年8月29日，自治区人力资源和社会保障厅发布了《关于执行国家基本医疗保险、工伤保险和生育保险药品目录（2017年版）有关事宜的通知》，其中明确指出，将国家2017年版目录（2017年版医保目录新增339种药品）和国家通过谈判确定的36种药品全部纳入自治区基本医疗保险支付范围，按照乙类药品管理；自2017年9月1日起执行。此外，从2017年1月1日起，内蒙古自治区启动实施了全区统一的城乡居民医保制度，原新型农村合作医疗的医保目录由1988种提高到2600多种。

5. 门诊特殊慢性病管理范围扩大

为了进一步保障参保患者的切身利益，自治区人社厅于2016年先后两次下发了《关于同意将心脏移植等四种器官组织移植术后抗排异治疗纳入门诊特殊慢性病范围管理的批复》（内人社函〔2016〕163号）和《关于同意将"阿尔兹海默症"等十一个病种纳入门诊特殊慢性病范围管理的批复》（内人社发〔2016〕59号）文件，将心脏移植、肺脏移植、肝脏移植、骨髓移植术后抗排异治疗和阿尔兹海默症（老年痴呆症）、心脏疾病瓣膜置换术后、心律失常安置心脏起搏器术后、脑血管疾病置放血管支架后等15个病种纳入自治区本级门诊特殊慢性病管理。截至目前，自治区本级门诊特殊慢性病已由原来的21种增加到现在的36种，切实解决了许多慢性病患者的经济负担。

---

① http：//www. sohu. com/a/21313183_ 115052.
② http：//circ. gov. cn/web/site4/tab173/info3971096. htm.
③ http：//www. zhongmin. cn/baoxian/nmgdabing. html.
④ http：//news. sina. com. cn/c/2018 - 03 - 10/doc - ifyscqvy6053301. shtml.

6. 城乡居民医保实现跨省异地就医直接结算

2014 年，内蒙古自治区 12 个盟市和满洲里市、二连浩特市全部实行了盟市级统筹，实现了基本医疗保险筹资水平统一、补偿政策统一、基金管理统一和服务监管统一，盟市内参保人员看病享受同等待遇。

从 2014 年开始，内蒙古自治区开展国家级医保结算平台建设试点工作，支持各统筹地区医保经办机构探索通过自主协商、委托商业保险经办等方式，重点解决异地居住退休人员、转诊转院重大疾病患者等群体的跨省（区、市）异地就医即时结算问题。目前，内蒙古自治区依托社会保险自治区数据大集中和社会保障"一卡通"，建立了自治区异地就医管理信息系统和直接结算平台，实现了区内异地门诊划卡、购药和住院费直接结算。从 2017 年 8 月 21 日起，自治区本级和 14 个盟市医保统筹地区的城镇职工、城乡居民全部实现跨省异地就医住院费用直接结算，意味着内蒙古自治区全面实现了退休异地安置、长期异地居住、常驻异地工作、符合规定转诊四类备案人员的跨省异地就医住院费用直接结算。

（五）医疗保险基金收支规模及累计结余增长迅速

医疗保险基金是老百姓的救命钱，是医疗保险事业发展的物质基础。这些年，随着医疗保险的迅速扩面以及职工和居民收入水平的提高，内蒙古自治区基本医疗保险基金收入出现了大幅度增加。与此同时，医疗保险基金支出随着享受人数的增加和待遇水平的提高也不断增加。由于每年医疗保险基金的收入大于支出，基金滚存结余也在不断增加。

1. 城镇职工医疗保险基金收支规模及累计结余逐年增长

如表 3 - 1 所示，到 2016 年底，城镇职工基本医疗保险基金收入为 179.9 亿元，比 2012 年增加了 69.4 亿元；城镇职工基本医疗保险金支出为 148 亿元，比 2012 年增加了 53.1 亿元；城镇职工基本医疗保险基金的累计结余为 201.2 亿元，比 2012 年增加了 92.7 亿元。其中，基金收入、支出、累计结余从 2012 年到 2016 年年均增长率分别为 13%、11.8%、16.7%。很明显，城镇职工基本医疗保险基金收入的增长速度大于基金支出的增长速度，所以出现了基金结余增长速度最快的现象。

表 3 - 1　2012~2016 年内蒙古自治区城镇职工基本医疗保险基金收支情况

单位：亿元

年份	收入	支出	累计结余
2012	110.5	94.9	108.5
2013	132.8	114.4	126.9

年份	收入	支出	累计结余
2014	146.5	127.8	148.9
2015	154.1	129.2	169.3
2016	179.9	148	201.2

数据来源:《中国统计年鉴》(2017),北京:中国统计出版社。

2. 城镇居民医疗保险基金收支规模及累计结余逐年增长

如表 3 - 2 所示,到 2016 年底,城镇居民基本医疗保险基金收入为 25.6 亿元,比 2012 年增加了 10.2 亿元,城镇居民基本医疗保险基金支出为 22 亿元,比 2012 年增加了 10.7 亿元;城镇居民基本医疗保险基金累计结余为 29.9 亿元,比 2012 年增加了 16.3 亿元。其中,基金收入、支出、累计结余从 2012 年到 2016 年年均增长率为 13.5%、18.1%、21.8%,城镇居民基本医疗保险基金收入的增长率低于基金支出的增长率,但累计结余增长速度最快。

表 3 - 2　2012～2016 年内蒙古自治区城镇居民基本医疗保险基金收支情况

单位:亿元

年份	收入	支出	累计结余
2012	15.4	11.3	13.6
2013	17.6	14.3	17
2014	20.4	16.4	20.6
2015	24.9	20.82	26.3
2016	25.6	22	29.9

数据来源:《中国统计年鉴》(2017),北京:中国统计出版社。

3. 新型农村合作医疗保险基金收支规模逐年增加且每年都有结余

如表 3 - 3 所示,2011～2015 年,内蒙古自治区新型农村合作医疗保险基金收入和支出逐年增加,收入年均增长率为 20.3%,支出年均增长率为 22.6%,新型农村合作医疗保险基金收入和支出均呈现出增长的趋势,但支出增长明显大于收入增长。另外,每年基金都有结余且使用率较高,尤其是 2013 年,基金使用率高达 96.9%。

表 3 – 3   2011～2015 年内蒙古自治区新型农村合作医疗保险基金收支及结余情况

单位：亿元

年份	新农合医疗收入	新农合医疗支出	基金使用率	当年结余
2011	30.56	25.65	83.9%	4.91
2012	38.03	35.65	93.7%	2.38
2013	47.22	45.75	96.9%	1.47
2014	54.00	51.00	94.4%	3.00
2015	64.07	57.98	90.5%	6.09

数据来源：《内蒙古统计年鉴》（2016），北京：中国统计出版社。

（六）积极推进医疗保险付费方式改革，完善医疗费用结算管理办法

2017 年 6 月 20 日，国务院办公厅印发了《关于进一步深化基本医疗保险支付方式改革的指导意见》（国办发〔2017〕55 号），对下一步全面推进医保支付方式改革做出部署。为贯彻落实国务院进一步深化基本医保支付方式改革精神，充分发挥基本医疗保险在医改中的基础性作用，深入推进内蒙古自治区综合医改试点工作，2017 年 11 月 10 日，内蒙古自治区政府办公厅印发了《内蒙古自治区进一步深化基本医疗保险支付方式改革实施方案》，要求各地 2017 年底实行按病种付费的病种不少于 100 个，有条件的地区可开展按疾病诊断相关分组（DRGs）付费试点，鼓励各地区积极开展按人头、按床日等多种付费方式；到 2020 年，医保支付方式改革覆盖所有医疗机构及医疗服务，全区普遍实施适应不同疾病、不同服务特点的多元复合式医保支付方式，按项目付费占比明显下降。这标志着新一轮的基本医疗保险支付方式改革拉开了帷幕。

二、内蒙古自治区医疗保险制度发展面临的主要问题与挑战

随着基本医疗保险制度改革的不断深入、全民医疗保险制度的建立，内蒙古自治区基本医疗保险制度改革取得了显著的成效，但仍然存在着一些亟待解决的问题，特别是改革中存在的一些深层次问题也逐渐显现出来。

（一）基本实现了制度全覆盖，但尚未实现人群全覆盖

内蒙古自治区医疗保险制度已在制度上覆盖了所有的人群，但目前还有一部分人游离在制度保障之外，并没有实现全覆盖。

如表 3 – 4 所示，内蒙古自治区城镇职工基本医疗保险的参保率在 2011～

2014 年呈逐年下降的趋势，从 2015 年开始逐渐回升，但下降的幅度较大，由 2011 年的 84.7% 下降到 2014 年的 63.7%，下降了 21 个百分点。而城镇居民医疗保险的参保率在 2011～2014 年逐年上升，从 2015 年开始出现下滑的现象，且参保率较低，最高只达到 70.1%。只有新型农村合作医疗的参保率逐年上升且与目标最接近，到 2015 年底已达到 97.88%。出现这种现象的原因主要有两点：一是应保未保，在城镇职工基本医疗保险中，小微企业、私营企业的参保率偏低。按人群划分，城镇外来务工人员参加城镇职工保险的比例偏低。在城乡居民医疗保险中，一部分青壮年的参保积极性不高。二是三种医疗保险制度相互分割，存在重复参保现象。例如，一部分来自农村的高校学生，既参加了新型农村合作医疗保险，又参加了城镇居民基本医疗保险；还有户籍在内蒙古自治区的部分农民工，既参加了城镇职工基本医疗保险，又参加了新型农村合作医疗保险。

表 3-4　2011～2016 年内蒙古自治区三大基本医疗保险参保率　单位：%

年份	城镇职工参保率	城镇居民参保率	参合率	总参保率
2011	84.7	52.9	94.03	86.5
2012	81	58.5	94.3	88.4
2013	72	63.5	97	90.0
2014	63.7	70.1	97.02	91.3
2015	66.8	66.4	97.88	91.3
2016	67.8	65	—	—

数据来源：根据《内蒙古统计年鉴》（2017）整理得出。

（二）医疗费用增长过快，超过患者支付能力

如表 3-5 所示，2010 年内蒙古自治区城镇基本医疗保险基金支出为 64.2 亿元，到 2016 年增长为 170 亿元，短短 7 年时间增长了约 1.6 倍，远远超过了同期城镇居民可支配收入的增幅。另外，2010 年新型农村合作医疗基金支出为 18.66 亿元，到 2015 年增长为 57.98 亿元，短短 6 年时间增长了 2 倍左右，而同期农村牧区居民可支配收入 6 年间只增长了不到 1 倍，很明显，新型农村合作医疗基金支出的增长远远超过同期农村牧区居民可支配收入的增长。以上数据表明，城镇基本医疗保险和新型农村合作医疗制度的参保人员看病越来越贵，已超出了广大人民群众的经济承受能力，同时也远远超过了内蒙古自治区生产总值的增长幅度。可见，现行的医疗保险制度并没有有效地遏制医疗费用的过快增长，致使广大人民出现就医贵的局面。

表 3 – 5 2010 ~ 2016 年城乡医疗保险支出与城乡居民可支配收入的变动关系

年份	城镇基本医疗保险基金支出（亿元）	新农合医疗保险支出（亿元）	城镇居民可支配收入（元）	农村牧区居民可支配收入（元）	全区生产总值（亿元）
2010	64.2	18.66	17698	5530	11672
2011	85.4	25.65	20408	6642	14246.11
2012	106.2	35.61	23150	7611	15988.34
2013	128.7	45.76	25497	8596	16832.38
2014	144.2	51.00	28350	9976	17769.5
2015	148.4	57.98	30594	10776	18032.8
2016	170	—	32975	11609	18632.6

数据来源：《中国统计年鉴》（2017）和《内蒙古统计年鉴》（2016），北京：中国统计出版社。

（三）医疗保险制度的统筹层次较低

1999 年 6 月 21 日，内蒙古自治区人民政府发布了《内蒙古自治区建立城镇职工基本医疗保险制度实施意见》，其中规定，"基本医疗保险统筹层次原则上以盟市为统筹单位，也可以旗县为统筹单位，呼和浩特市、包头市、乌海市原则上在全市范围内实行统筹"。2003 年，内蒙古自治区人民政府发布了《内蒙古自治区新型农村牧区合作医疗管理暂行办法》，其中规定，"合作医疗制度采取以旗县为单位进行统筹。条件不具备的地方，在起步阶段可先采取以苏木乡镇为单位进行统筹，逐步向旗县统筹过渡"。也就是说，内蒙古自治区大多数地区实行的是旗县级统筹。直到 2011 年，内蒙古自治区 14 个盟市的新型农村合作医疗制度开始全部推行盟市级统筹，截至 2014 年底，14 个盟市的城镇职工和居民基本医疗保险制度实现了市级统筹。内蒙古自治区基本医疗保险制度的统筹层次低，人为地造成了各地基本医疗保险制度的不一致，使有相同需求的患者享受医保待遇差别过大，这不仅导致内蒙古自治区基本医疗保险制度的风险分担、互助共济功能比较差，也导致异地就医转移接续和费用监管比较难。

（四）医疗保险基金大量结余与使用效率低下问题共存

自内蒙古自治区城镇职工基本医疗保险制度建立以来，医疗保险基金几乎每年都有结余。如表 3 – 6 所示，自 2002 年以来，基金的累计结余达到 6.4 亿元，已经超过了当年基金的支出，累计结余足可支付 14.5 个月。到 2010 年底，基金累计结余达到 80.2 亿元，其中统筹基金累计结余 54.6 亿元，个人账户累计结余 25.6 亿元。到 2016 年底，基金累计结余达到 201.2 亿元，15 年的时间城镇职工基本医疗保险基金累计结余增长了30多倍，而当年基金支出也仅为148亿元。也就是说，城镇职工基本医疗保险基金即使没有收入，也已经足够支付16.3个月。

表3－6 2002～2016年内蒙古自治区城镇职工基本医疗保险基金收支及结余情况

年份	基金收入（亿元）	基金支出（亿元）	累计结余（亿元）	其中：统筹账户（亿元）	其中：个人账户（亿元）	累计结余可用月数（个）
2002	8.1	5.3	6.4	—	—	14.5
2010	71.4	58.7	80.2	54.6	25.6	16.4
2011	89.1	77	92.3	62.8	29.5	14.4
2012	110.5	94.9	108.5	67.2	41.2	13.7
2013	132.8	114.4	126.9	73.8	53.1	13.3
2014	146.5	127.8	148.9	87.3	61.6	14.0
2015	154.1	129.2	169.3	104.1	65.6	15.7
2016	179.9	148	201.2	—	—	16.3

数据来源：《内蒙古统计年鉴》（2016）和《中国统计年鉴》（2017），北京：中国统计出版社。

同样，城镇居民基本医疗保险基金也存在大量结余。如表3－7所示，2010年底，基金累计结余额为7.4亿元，到2016年底累计结余达29.9亿元，短短7年时间增长了2.9倍，在无收入的情况下，还可支付16.3个月。

表3－7 2010～2016年内蒙古自治区城镇居民基本医疗保险基金的收支及结余情况

年份	基金收入（亿元）	基金支出（亿元）	累计结余（亿元）	累计结余可用月数（个）
2010	8.80	5.50	7.40	16.1
2011	10.6	8.40	9.60	13.7
2012	15.4	11.3	13.6	14.4
2013	17.6	14.3	17.0	14.3
2014	20.4	16.4	20.6	15.0
2015	24.9	19.3	26.3	16.3
2016	25.6	22	29.9	16.3

数据来源：《中国统计年鉴》（2017）和《中国劳动统计年鉴》（2016），北京：中国统计出版社。

这显然与"收支平衡，略有结余"的医疗保险基金管理原则有出入。医疗保险基金（其中城镇职工基本医疗保险比较特殊）尤其是统筹基金的大量结余在医疗保险制度建立之初有利于维护制度的稳定性，但长此以往就会损害参保人的利益，降低基金的使用效率。统筹基金的大量结余是以参保人待遇的降低为代价的，而个人账户的大量结余意味着个人账户资金的贬值风险加大。社会统筹基金大量结余的主要原因是由于各统筹地区的参保规模较小、统筹层次低，在风险池过小的情况下，为了避免出险，医疗保险管理机构不得不加大结余水平。个人账户资金大量结余的主要原因在于个人账户的使用范围有限。因此，提高统筹层次或者建立地区间的风险调剂金以及扩大个人账户使用范围，是解决基金大量结余和使用效率低下问题共存的关键措施。

（五）对医疗服务供方的有效制约和费用控制机制尚未建立

自基本医疗保险制度建立以来，内蒙古自治区各地积极探索有效的医疗保险付费方式，在保障参保人员权益、规范医疗服务行为、控制医疗费用增长和促进医疗机构发展等方面发挥了重要作用。但在第三方付费机制中，由于定点医疗机构采取的补偿机制即使实行按单病种付费，医疗服务机构为了生存，也人为地进行了诊断升级和分解住院等对策，导致医院的管理成本上升。另外，平均定额的支付方法过于简单粗糙，缺乏医技含量，简单地平均计费和后付制的平均定额难以达到激励医院提高效率、主动参与降低成本的作用，从而导致医疗费用的不合理增长。

实现医疗服务行为调节、引导医疗资源配置和控制医疗费用不合理增长是医保支付方式改革的重要目标，同时也是医保支付方式作用于医疗机构的重要手段。然而，当前内蒙古自治区各地的医保支付方式在实践中往往偏重于控制医疗费用，忽视医疗质量的提升，从而导致了医疗费用虽然得到控制但医疗质量却得不到保证的现象。例如，部分地区实施"总量控制、超支不补"的结算政策，虽然达到了控制医疗费用的目的，但同时也因为这样的支付方式使医疗机构的效益难以同提供的服务相匹配，加剧了医院的成本压力，从而出现了医院减少服务内容、降低服务质量等有损参保人健康利益的现象。

（六）医疗保险制度碎片化，造成不同职工群体待遇差别较大

目前，针对不同人群设立的城镇职工基本医疗保险制度体现出明显的人群分割、管理分割特点。例如，在呼和浩特市区域范围内，关于城镇职工基本医疗保险，既有呼和浩特市医保，又有内蒙古自治区医保、铁路医保，而这三种基本医疗保险制度在起付线、最高支付限额、报销比例以及等待期和最低缴费年限等方面的规定上都有很大差别。这说明，在制度层面，城镇职工基本医疗保险制度存在严重的碎片化现象。这种制度的碎片化导致参保人缴费水平和待遇水平的差

异，有失公平。

三、进一步推进内蒙古自治区医疗保险制度发展的政策建议

内蒙古自治区基本医疗保险制度自实施以来，对减轻居民医疗负担、保障居民健康方面发挥了积极作用，在统筹层次、待遇水平等方面还需进一步完善。

（一）提高医疗保险制度统筹层次，实现不同群体医疗保险政策的统一

目前，内蒙古自治区城镇职工基本医疗保险和城乡居民基本医疗保险的统筹层次已实现市级统筹。确定基本医疗保险统筹层次时，既要考虑基金的互助共济和抗御风险能力，提高社会管理服务水平，又要考虑地区间经济发展和医疗消费水平的差异。因此，内蒙古自治区两大基本医疗保险制度可以分别由市级统筹逐步过渡到自治区级统筹。统筹层次提高到自治区级统筹之后，确定缴费的比例就可以在自治区级范围内进行测算，这样有利于不同人群的医疗保险政策在自治区级的统一。实现自治区不同群体的基本医疗保险政策统一，可有效地规避自治区范围内各个地区各自为政的情况，避免碎片化的制度造成过度结余；基金可以在更大的范围内实现调剂，分散风险，有利于基金结余处于合理的范围内；地方政府和部门对两大医疗保险制度的干扰将大大减少，基金的收缴和使用的效率也会大大增强。

（二）加强医疗保险付费总额控制制度建设

充分发挥基本医疗保险的基础性作用，强化医保基金收支预算。选择与内蒙古自治区医疗保险和卫生管理现状相匹配的付费方式，不断提高医疗保险付费方式的科学性，提高基金绩效和管理效率。积极推行以按病种付费为主，按人头付费、按服务单元付费等为辅的复合型付费方式。支付方式改革要覆盖所有旗县和城市区域内所有公立医院，并逐步覆盖所有医疗服务。建立和完善医保经办机构和定点医疗机构之间的谈判协商机制与风险分担机制。全面加强付费总额控制，控制基本医疗保障范围外的医药服务。同时建立医保个人账户诚信档案，严厉查处套取、骗取医保基金等行为。

（三）健全重特大疾病医疗保险制度，提高医疗保障水平

近几年，内蒙古自治区各项医疗保险制度的最高支付限额标准都在不断提高，报销比例也在不断提高，这在很大程度上保障了参保人的基本医疗需要。但是，对于重特大疾病，如费用超过封顶线部分，个人依然难以负担。为此，需要

建立健全重特大疾病保险制度，以保障人们的医疗需求，切实解决老百姓看不起病、因病致贫、因病返贫的情况。

（四）完善医疗保险关系转移接续办法

目前，医疗保险关系还没有实现与基本养老保险关系的同步转移接续，这也为今后职工临退休时再次办理转移接续业务留下隐患。对此，需要进一步完善医疗保险关系转移接续办法。例如，对于接纳医疗保险关系转入人员年龄比较大、数量比较多的地区，可以考虑从国家角度给予一定的资金调剂与补助，以减轻接受地的负担。另外，也可以从完善制度的角度出发，一是对参保人的缴费年限在全国范围内至少在区内应该互认，而不会因为跨统筹地区流动而取消原有的缴费年限。二是对于缴费年限的要求应该规定连续缴费年限和累计缴费年限两个标准，从而从根本上消除由于参保人的一些特殊情况而导致退休时无法正常享受基本医疗保险待遇。三是考虑取消退休人员享受城镇职工基本医疗保险缴费年限的规定，而辅以退休人员也要缴费的做法，从而有利于从根本上解决医疗保险关系转移接续问题。

（五）逐步建立社区首诊制度、双向转诊制度

社区首诊要求参保人患病后，首先在本人的医疗保险社区定点单位就诊，由社区全科医生根据病情，对需要转诊的病人审核签字后，办理转诊登记手续，这一制度能有效地分流综合医院的病患。为了鼓励患者遵循社区首诊制度，要在医疗保险资金和财政投入上对社区卫生机构有所倾斜，提高报销比例；反之，如果参保人未经定点社区医疗机构批准，除急诊、抢救直接住院治疗外，则转诊发生的医疗费用不能享受医疗保险优惠待遇，这有利于进一步规范患者的就医行为，尤其是跨统筹地区就医行为。通过这些激励制度，使社区医疗机构与综合性医院连接起来，肩负起基本医疗保险"守门人"的作用。对患者进行分流，提高社区医疗机构的利用率，降低医疗保险基金的滥用，优化医疗卫生资源配置，使有限的医疗保险基金发挥更大的保障作用，真正实现医疗保险"保基本、强基层、建机制"的目标。

（六）跨省异地就医直接结算应坚持与分级诊疗结合

我国各地的医疗服务资源分配不均衡情况十分严重，内蒙古自治区也不例外，优质资源往往集中于经济相对发达的地区，且短期内难以根本改善。考虑到异地就医费用远高于平均水平，如职工医保高出60%、居民医保高出一倍，联网直接结算解决参保人员外出就医垫支、跑腿等最头疼问题，尤其是目前覆盖人

群已扩大到转诊转院人员，跨省就医直接结算人员必将明显增加。因此，需加快改善医疗资源分布不均衡的状况，并坚持与分级诊疗制度的建设与推进相结合，避免加剧看病难、看病贵等问题，真正把好事办好，让群众受益。

（七）实现城镇职工个人账户家庭共享制度

在社会统筹和个人账户相结合的医疗保险制度下，统筹基金和个人账户各自扮演不同的角色，相互补充，共同发挥分散医疗风险的作用。医疗保险个人账户的功能越来越受到争议，不论个人账户是否合理，其大量结余是客观存在的。由于个人账户是纵向积累，所以大量结余是正常的，当然也可以对个人账户进行优化设计，通过扩大个人账户的使用范围，更好地发挥个人账户基金的使用效率。

在个人账户的运作过程中，应使个人账户的使用范围扩大。例如，广东省珠海市自 2008 年 9 月 4 日开始率先对职工个人账户的使用范围进行了改革：将职工个人账户使用范围扩大到职工的家庭成员，包括其父母、子女和配偶，职工本人或其家庭成员可以在定点门诊机构就医，定点药店所发生的符合政策规定的费用均可使用个人账户的资金。让个人账户从以前的"个人账户"转变成"家庭账户"，使个人账户中的资金不再仅限于职工用于个人门诊、购药的消费支出，而是开始在职工的家庭成员中调剂使用，这大大增强了个人账户的使用效率，减少了个人账户的资金沉淀。此外，要考虑不同年龄段对个人账户的需求不同，针对老年人的患病概率较高，在设计个人账户制度时，要多照顾老年人的需求，保障弱势群体的权利。

建立医疗保险的最终目的不仅是在参保人生病时给予帮助，更要帮助参保人减少疾病风险。在现代社会，医疗保健、疾病预防显得尤为重要。个人账户完全可以在疾病预防、医疗保健中给予参保人资金的支持。根据卫生部的调查，随着生活水平的不断提高，人们的寿命显著提高，但是患病原因也趋于复杂化。许多疾病与人民日常不合理的生活习惯有着密切的关系如患老年慢性病与抽烟、酗酒以及不合理的营养搭配等日常生活的不良习惯有着密切的关系，这些都可以通过医疗知识的普及来让人们更加注重对自身身体健康的保养。医疗保险基金在医疗预防和医疗保健方面的积累作用，既可以提高人们的身体素质，又可以从根本上减少医疗费用的支出，因此，可以扩大个人账户的使用范围，使个人账户基金还可以作为预防、保健与健康教育等相关费用。

（八）提升医疗保险经办机构的专业化服务

医疗保险经办机构需要转向更加专业化的公共服务。医疗保险经办机构是政策的执行者，是参保人的代理人和基金的受托人。医疗保险经办机构专业能力直接关系到医疗保险制度的实施和发展水平，以及医疗保险制度的可持续发展。经办机构的管理服务水平低，会导致医疗保险基金风险加大，参保人的权益得不到有效保障。

一方面，提升经办机构的专业化水准，可通过逐步引入多元社会力量承担经办机构的职能，以竞争促使专业化水准的提升。2009 年，《中共中央　国务院关于深化医药卫生体制改革的意见》对医疗保险机构的改革提出"竞争"理念，要求"积极提倡以政府购买医疗保障服务的方式，探索委托具有资质的商业保险机构经办各类医疗保障管理服务"。这是未来医疗体制改革的方向之一。2009 年出台的新医疗体制改革方案中还明确指出，要积极探索建立医疗保险经办机构与医疗机构、药品供应商的谈判机制，发挥医疗保障对医疗服务和药品费用的制约作用，且有效的谈判机制更高度依赖于医疗保险经办机构专业管理能力的不断提高。另一方面，经办机构的专业化，离不开经办人员的职业化和专业化。医疗保险经办机构需要为现有的医疗保险经办人员提供持续的职业培训，保证从业人员掌握相关的法律、财务、医药、信息网络知识，逐步建立相关的执业标准和专业要求。

第 四 章

内蒙古自治区失业保险发展报告

内蒙古自治区失业保险制度自实施以来，对于保障失业人员基本生活、促进失业人员再就业、维护就业局势总体稳定、服务经济社会发展大局发挥了积极作用。但随着内蒙古自治区经济社会的发展、供给侧结构性改革的积极推进、产业转型升级的持续加快、城市化水平不断提高，出现了结构性失业、部分企业生产经营困难和就业结构不平衡等新变化，失业保险制度建设有待完善。

一、基于发展理念的内蒙古自治区失业保险制度现状

(一) 更多人口共享发展成果

内蒙古自治区失业保险的参保人数和受益人数稳定增长。2016 年, 失业保险参保人数为 241.1 万人, 相对 2010 年增加了 10.2 万人, 近七年来年均增长率约为 0.7%, 增长趋势较为稳定 (见表 4-1)。同时, 2016 年, 在 725.4 万的城镇就业人员中, 失业保险参保人数占比为 33.2%, 虽与 2010 年相比下降了 16.4 个百分点, 但主要是由城镇就业人数的快速增加引致的; 另外, 2016 年年末有 3.0 万人领取了失业保险待遇, 年均增长率达 6.6%, 这也意味着 11.2% 的城镇登记失业人员可以获得失业保险给付, 1.2% 的参保人员可以领取失业保险金。

表 4-1 2010～2016 年内蒙古自治区失业保险参保人数与受益人数

年份	年末城镇就业人数 (万人)	年末参加失业保险			城镇登记失业人数 (万人)	年末领取失业保险金			
		人数 (万人)	增长 (%)	占城镇就业人数比例 (%)		人数 (万人)	增长 (%)	占登记失业人数比例 (%)	占参保人数比例 (%)
2010	465.2	230.9	—	49.6	20.8	2.1	—	10.1	0.9
2011	517.1	232.5	0.7	44.9	21.8	2.5	19.1	11.5	1.1
2012	562.6	232.8	0.1	41.4	23.1	2.5	0	10.8	1.1
2013	665.4	233.4	0.3	35.1	23.8	2.3	-8.0	9.7	1.0
2014	738.8	236.3	1.2	32.0	24.8	2.4	4.3	9.7	1.0
2015	725.7	242.1	2.5	33.4	25.9	2.9	20.8	11.2	1.2
2016	725.4	241.1	-0.4	33.2	26.7	3.0	3.4	11.2	1.2

数据来源: 根据《中国统计年鉴》(2017) 计算整理所得。

(二) 失业保险基金收支关系趋向协调

内蒙古自治区失业保险基金收支规模不断扩大, 从 2010 年的 16.3 亿元增至 2016 年的 37.9 亿元, 增加了 230% (见表 4-2)。分项来看, 内蒙古自治区失业保险基金收入、支出及累计结余呈现阶段性变动趋势。2010～2014 年, 基金收入快速增加, 由 11.6 亿元增至 27.5 亿元, 年均增长率达 24.3%; 而 2015～2016 年, 基金收入呈递减态势, 年均增长率为 -6.35%。与此相反, 基金支出年均增

长率由 2010～2014 年的 9.9% 快速增至 2015～2016 年的 47%。收入增长放缓，支出快速增加，使基金累计结余也呈现绝对额增长、增长率下降的态势，至 2016 年基金累计结余增长率降至七年来最低，仅为 9.5%。这种失业保险基金收入增速放缓、支出快速增加的发展态势，扭转了基金巨额不合理结余的局面，使基金管理趋向协调。

表 4-2　2010～2016 年内蒙古自治区失业保险基金基本情况

单位：亿元,%

年份	基金收入		基金支出		基金累计结余	
	金额	增长率	金额	增长率	金额	增长率
2010	11.6	—	4.7	—	28.7	—
2011	15.0	29.3	5.8	23.4	37.9	32.1
2012	19.7	31.3	4.5	-22.4	53.1	40.1
2013	24.3	23.4	5.3	17.8	71.1	33.9
2014	27.5	13.2	6.4	20.8	92.1	29.5
2015	26.2	-4.7	9.9	53.1	108.5	17.8
2016	24.1	-8.0	13.8	40.8	118.8	9.5

数据来源：根据《中国统计年鉴》（2017）计算整理所得。

2015 年以来，失业保险基金变动的新趋势与失业保险政策的变革有关。从基金筹集来看，内蒙古自治区落实国家政策，于 2015 年、2016 年和 2017 年分三次降低失业保险缴费率（其中 2017 降费为阶段性政策），费率由 3% 阶段性降至 1%，用人单位和个人的缴费费率均为 0.5%，2017 年当年为企业减负 7.63 亿元，这意味着在减轻了企业和个人负担的同时，使基金收入呈减少趋势；从基金支出来看，为促进就业稳定，内蒙古自治区采取了系列扩大失业保险基金支出范围的政策，在扩展了失业保险制度功能定位的同时，使基金支出呈现快速增长态势。

（三）参保人员的失业保险获得感稳步提升

根据规定，失业保险金的发放以统筹地区最低工资标准（见表 4-3）为基数，给付期的第 1 个月至第 12 个月按 80% 给付，第 13 个月至第 24 个月按照 70% 给付。照此推算，以呼和浩特市区为例（属于一类地区），2012～2017 年，在给付期的第一年失业人员可以领取的失业保险金标准依次为 960 元/月、960 元/月、1200 元/月、1312 元/月、1312 元/月、1408 元/月，年均增长率达 8.3%。可见，近年来，内蒙古自治区失业保险待遇水平稳步增长，获得感不断增强。

表4-3　2012～2017年内蒙古自治区最低工资标准　　　　单位：元/月

年份	一类地区	二类地区	三类地区	四类地区
2012	1200	1100	1000	900
2013	1200	1100	1000	900
2014	1500	1400	1300	1200
2015	1640	1540	1440	1340
2016	1640	1540	1440	1340
2017	1760	1660	1560	1460

数据来源：根据历年内蒙古自治区人力资源和社会保障厅《关于调整全区失业保险金发放标准的通知》整理所得。

（四）秉承开放理念，不断拓宽失业保险支付范围

在失业保险预防失业、促进就业方面，为做好化解产能过剩、淘汰落后产能、企业兼并重组等工作，内蒙古自治区规定2014年失业保险基金可用于帮助困难企业稳定就业岗位。给予的稳定岗位补贴包括社保补贴、岗位补贴、培训补贴三项，发挥着减轻企业负担、稳定就业岗位的作用。2017年，内蒙古自治区规定依法参加失业保险3年以上，2017年1月1日起在国家规定的职业（工种）目录中取得初级（五级）、中级（四级）、高级（三级）职业资格证书或职业技能等级证书的企业职工可申领技能提升补贴，标准依次为1000元、1500元、2000元，所需资金按规定从失业保险基金中列支。这些改革意味着失业保险制度对就业困难人员预防失业和促进就业的功能定位已正式变成一项政策加以落实，扩展了失业保险制度的内涵，丰富和完善了就业政策内容，在稳定就业岗位上取得了显著成效。在失业人员基本生活保障方面，失业保险除了发放失业保险金外，还在失业保险金领取期间提供系列配套待遇，如冬季取暖补贴、丧葬费和抚恤金补助、为失业人员代缴或报销医疗保险费等。

二、内蒙古自治区失业保险制度挑战与发展并存

失业保险是社会保险体系的重要组成部分，与劳动者的切身利益紧密联系。内蒙古自治区失业保险制度自实施以来，为保障失业人员基本生活、预防失业、促进再就业、维护社会稳定作出了贡献。然而，随着社会经济发展和失业保险制度的深入实施，它在制度设计上的一些弊端显现出来，失业保险制度的发展面临巨大的挑战。

（一）失业保险共享水平急需提高，与"织密网"的基本要求不符

失业保险发展应按照人人参与、人人尽力、人人享有的要求，注重机会公平，拓宽保障范围，保障基本民生。新时期全面建成多层次的社会保障体系也要求"织密网"，实现制度最广泛覆盖，让人人都能享有基本保障。然而，内蒙古自治区失业保险的法定覆盖范围较窄，目前仅包括城镇企业事业单位及其职工，与其他社会保险项目相比，发展较为滞后；法定参保群体失业风险较小，而灵活的就业人员、个体工商户、临时工等流动性极大的非正规就业群体却不能参加失业保险。

1. 与单位建立劳动关系的职业群体未能应保尽保

社会团体、民办非企业单位、基金会、律师事务所、会计师事务所等形成劳动关系的组织及其职工早已被其他社会保险险种覆盖，只有失业保险除外，这不符合现代社会保险制度的发展趋势，也不利于维护以上职业群体的就业保障权益。

2. 非正规就业者被排斥在失业保险制度外

随着内蒙古自治区经济社会的发展，信息技术和大数据移动互联网的广泛应用，新的就业方式大量涌现，非正规就业成为吸纳就业的重要途径。而非正规就业者的就业机会和收入并不稳定，失业风险较大，急需失业保障。但现行的失业保险制度主要针对长期稳定的就业形式，其实质是城镇登记失业人口的收入保障制度，无论是参保资格还是待遇给付都以正规就业为先决条件，并未向非正规就业人员开放。所以，目前绝大多数非正规就业劳动者被排除在失业保险制度保障范围之外。

事实上，非正规就业者难以纳入保障范围的主要原因是管理难度较大。首先，就业和失业状态难以界定，诸如自雇者、临时工、小时工等非正规就业形式，虽然可以和用人单位建立劳动关系，但工作时间不固定，再加上经办服务体系的信息化程度尚欠发达，无法追踪非正规就业者工作状态的变动，使管理部门操作难度加大。其次，申请者是否符合法定领取资格的第二项，即"非因本人意愿导致的失业"难以判断。总之，管理难度较大成为非正规就业者参加失业保险的障碍，而一旦管理不当，可能引发非正规就业人员失业保险基金入不敷出的局面。

3. 乡镇企业就业的劳动者未纳入失业保险制度之内

根据《内蒙古自治区失业保险实施办法》的规定，只有城镇企业事业单位的职工才能够参加失业保险从而享受失业保障，乡镇企业职工不在失业保险制度的覆盖范围内。

失业保险覆盖面狭窄实质上反映出制度公平性不足，存在身份本位特征。即重点保障正规就业群体，忽视非正规就业形式；重城镇职工，轻城乡居民。总之，制度在城乡之间、不同就业形式之间进行了利益分割，有悖公共服务均等化的目标，也不符合公平的价值取向。

（二）失业保险获得感不强，"兜底线"功能不足

目前，内蒙古自治区失业保险金的标准按照低于当地最低工资、高于城市居民最低生活保障标准的水平确定，与参保者失业前的缴费工资并不相关。这一发放办法导致失业保险金的实际支付水平明显偏低，其实质是失业救济而非失业保险，不能切实保障失业人员的基本生活需求，参保人员失业保险获得感较低。2017 年，内蒙古自治区失业保险金为 1022 元（四类地区）至 1408 元（一类地区），替代率仅为 2016 年城镇非私营单位在岗职工月平均工资的 20% ~28%，或者最低工资标准的 70% ~80%，保障不足。此外，失业保险待遇的支付也没有考虑到失业人员家庭赡养人口的特殊情况，致使失业保险待遇无法满足失业者的基本生活，只能维持脆弱的收支平衡。

（三）失业保险基金收支关系不协调，"可持续"性不强

新时期多层次社会保障体系要实现"可持续"的奋斗目标，就是要确保基金收支平衡，使制度长期稳定运行。而内蒙古自治区失业保险现状不符合基金"可持续"要求以及"协调"发展理念：一方面失业保险受益率及保障水平不高，另一面失业保险基金收入大于支出，存有大量不合理结余。如表 4 - 2 所示，2016 年年底，失业保险基金累计结余为 118.8 亿元，当年支出为 13.8 亿元，这意味着即使不再征收失业保险费，基金结余额仍可保证 8.6 年支付所需。保障不足与巨额结余并存的原因包括以下三点：第一，失业保险受益比例极低。由表 4 - 1 可知，在 2016 年的 241.1 万参保人中，仅有 1.2% 是受益群体；在 26.7 万登记失业人口中，也只有 3.0 万人获得失业保险给付。这样，投入巨大的人力、物力、财力才得以组织实施的失业保险制度只为有限的 1.2% 的群体服务，导致失业保险基金的不合理增长，基金使用效率极低。第二，失业率统计口径过窄。作为考量就业失业状况、失业保险基金支出力度的重要指标，官方统计所使用的城镇登记失业率统计口径较小，而且常年保持在较低水平。例如，2013 ~2016 年，内蒙古自治区平均城镇登记失业率仅为 3.7%，其传递的信号机制是失业率低、失业保险基金支出减少、基金结余提高。第三，失业保险基金支出范围小。失业保险基金的基本功能是保生活、促就业、防失业，但目前这三方面功能的发挥都差强人意，表现在失业保险替代率较低、防失业促就业的支出不足，这影响

着失业者的基本权益，也使大量基金产生不合理沉淀。

（四）失业保险制度创新不足，就业促进功能较弱

坚持创新发展是发展全局的核心，强调创新贯穿一切工作。失业保险制度不断发展完善，根本上也应秉承创新理念，注重功能定位多元化，在支付范围上不仅实现保基本，也应强调促就业、强预防。然而，目前内蒙古自治区失业保险制度创新不足，促就业功能需继续强化。

1. **失业保险给付期限过长降低了再就业的积极性**

内蒙古自治区根据用人单位和本人累计缴费时间的长短，将失业保险金的支付期限划分为 10 个不同的等级，平均给付期限达到 13 个月，高于国际上 6～12 个月的平均期限。较长的失业保险金支付期限，虽可使失业者有更充足的时间去寻找或等待更好的工作，但也降低了失业者工作搜寻强度，造成失业者长期失业，削弱了失业人员的再就业积极性。

2. **失业保险待遇支付模式难以激励失业者再就业**

失业者成功再就业与失业保险金的支付方式有密切联系。内蒙古自治区失业保险金的支付模式分为一次性支付模式和固定支付加递减支付模式两种，即对失业的农牧民合同制工人使用一次性支付模式，对城镇企事业单位职工使用固定支付加递减支付模式。在这样的支付模式下，失业保险待遇不与失业者的缴费水平挂钩，不与在职时收入水平挂钩，而是随着缴费时间的增加延长领取期限并递减领取数额，但在每个领取年度内等额给付。在这个过程中，实际缴费水平高低之间的差别被待遇计发环节平均化。这种统一、固定的支付模式，不仅难以保证失业保险的公平性，还会抑制失业者积极搜寻就业机会而仅以失业保险金维持低水平的生活。

3. **失业保险用于失业人员职业培训和职业介绍的资金有限，效果不显著**

为了应付可能出现的高失业风险，保证失业人员待遇给付，失业保险基金用于支持再就业资金（职业培训和职业介绍的补贴）的比例较低，按照《内蒙古自治区失业保险实施办法》的规定，内蒙古自治区职业培训和职业介绍的补贴比例不得超过统筹地区上年度收缴失业保险费总额的 15%。另外，职业培训和职业介绍的效果也不明显。由于政府、企业、失业者间信息不对称，政府购买的职业培训和职业介绍项目不能完全满足失业人员的需求，安置的就业岗位也不能与所培训的技能相匹配，用人单位需要对再就业人员重新上岗培训，增加了用人成本，降低了培训效率。

4. **再就业和创业扶持力度不大**

目前，失业保险制度对于失业者在给付期内提前就业或用人单位减少裁员都没有相应的奖励机制，失业者缺乏提前就业的积极性，可能维持之前的失业状态，或者选择边领取失业保险金边从事就业机会丰富的低工资的不稳定工作。在失业保险经办机构跟踪监测缺失的情况下，出现再就业者仍旧领取失业保险金的现象，造成失业保险基金的损失。在失业人员创业扶持方面，现行失业保险制度同样功能缺位。作为帮助失业人员重返劳动力市场的重要方式，失业保险基金可通过免息或低息贷款的方式支持失业人员创业，以发挥失业保险促进就业的作用。

（五）各统筹地区发展不协调，失业保险可携带性差

内蒙古自治区失业保险制度实行盟市级统筹，但各统筹地区经济发展水平各异，表现为最低工资标准、社会平均工资、参保者月工资收入不同，进而各地失业保险缴费水平、待遇水平也各不相同。这将出现参保者在经济发展水平较高的统筹地区缴纳高水平失业保险费，却在另一发展水平相对较低的统筹地区领取低水平失业保险金的现象。这种缴费贡献与受益水平不对等的问题制约着内蒙古自治区劳动力的自由流动。而统筹地区间缴费水平不同带来的待遇差异的不平衡性，也将导致失业保险转移接续过程不畅，产生失业保险可携带性差的问题。此外，失业保险区域发展不协调、统筹层次偏低还将造成职业培训与介绍的条块分割，失业人员只能接受当地的用人信息及就业指导咨询，不能按照市场需求接受职业培训与介绍，难以获得合适的就业安置，影响失业人员再就业率的提高。最终，随着内蒙古自治区产业结构升级、经济社会的不断发展，劳动者的流动性将日益增强，失业保险将在实践工作中遇到更多的难题与挑战，必须破除失业保险的制度壁垒，才能促进劳动力合理、有序自由流动以及内蒙古自治区各地区的协同发展。

（六）失业保险基金收益率低下

按照现行规定，失业保险基金的投资渠道只能是存入银行或按照国家规定购买国债，并分别按照城乡居民同期存款利率和国债利息计息。如表4-4所示，失业保险基金按照活期存款利率存入银行，收益远远不能弥补物价上涨带来的基金损失，失业保险基金贬值风险极大；失业保险基金按照一年期定存利率存入银行，2014~2016年平均收益率均超出CPI的平均涨幅，但失业保险基金收益率很低，并非全部基金按照一年期定存计息，因而未能完全实现基金的保值增值。内蒙古自治区失业保险基金结余额巨大，这仍是值得关注的"福利漏洞"。

（七）失业保险政策城乡分置，统筹水平较低

统筹推进城乡居民社会保障体系建设、合理缩小社会保障领域的城乡差异是新时期多层次社会保障体系建设的奋斗目标之一。然而,现行失业保险政策规定,用人单位按照本单位职工工资总额的 0.5% 缴纳失业保险费,城镇企业职工按照本人工资的 0.5% 缴费,其中农牧民合同制工人个人无须缴纳失业保险费。但失业后农牧民工只能享受最短 2 个月,最长不超过 12 个月的一次性生活补助,补助标准低于城镇企业职工失业保险金水平,且无法享受企业职工所享有的配套待遇如取暖补助、配偶待遇、医疗保险待遇、死亡待遇等。失业保险制度城乡分割公平性不足。

表 4 - 4 2010 ~ 2016 年存款利率及内蒙古自治区居民消费价格指数

单位:%

年份	2010	2011	2012	2013	2014	2015	2016
活期存款利率	0.36	0.50	0.35	0.35	0.35	0.35	0.35
一年期定存利率	2.75	3.5	3.00	3.00	2.75	1.50	1.50
居民消费价格指数（CPI）	3	5	2.6	3.4	1.6	1.1	1.2

数据来源:《中国统计年鉴》(2017),北京:中国统计出版社。

三、发展理念下内蒙古自治区失业保险制度的优化路径

当前,内蒙古自治区失业保险制度优化的基本思想如下:遵循党的十九大报告精神,建立广覆盖、可持续、均等化、法规完善的失业保险制度,实现覆盖全民、城乡统筹、权责清晰、保障适度、可持续的多层次社会保障体系奋斗目标,充分发挥失业保险集保证基本、预防失业、促进就业"三位一体"的功能,为失业群体提供稳定的安全预期,是全面建成小康社会的必然要求。

(一) 强化"兜底线、织密网",增强失业保险的基本保障能力

1. 扩大失业保险覆盖面,为社会公众提供保障

失业保险覆盖面扩大的目标群体应该瞄准灵活就业者、个体工商户等高失业风险人群,使最需要失业保险的非正规就业人员获得失业保障;还应包括部分非物质生产部门及其工作人员,如社会团体、民办非企业单位、基金会、律师事务所等;此外,乡镇企业及其职工、农村转移劳动力等就业群体也需纳入失业保险的覆盖范围。这有助于保障非正规就业群体的基本生活需要,也可减缓基金巨额结余的投资压力,缩小城乡收入差距,彰显社会公平与正义。

2. 提高失业保险待遇标准,切实保障失业人员的基本生活

提高失业保险待遇标准的有效手段是缩短失业保险给付期和提高失业保险金

替代率。给付期可根据本人累计缴费时间确定，累计缴费满一年的领取一个月保险金，以后每增加一年，给付期增加一个月，但最长不超过 18 个月，激励参保人连续缴费，鼓励失业者尽快实现再就业。节省的失业保险基金可用于提高失业保险待遇。确定失业保险给付标准时需注意适度性，以避免过高水平的给付对失业保险基金的可持续性带来负面影响，出现"失业陷阱"。在确定替代率时改变固定待遇制，以失业者失业前的缴费工资为依据，按失业前某一时期平均收入的 45%～50% 确定失业保险金。这样不仅能够在总体上提高所有失业人员的待遇水平，还能够更好地体现权利与义务相一致的原则，解决参保人的个人缴费水平和待遇水平相脱节的问题，同时也符合国际上通行的做法。

（二）创新制度，发挥失业保险促进就业、预防失业的功能

1. 强化失业保险职业培训效果

在增加失业保险基金用于职业培训比例的同时，注意保证职业培训的效果。首先，以劳动力市场需求为导向，结合市场发展动向及失业者的实际需求，设置或增加培训项目，丰富培训内容；其次，与获得资质的专业培训机构合作，聘请高素质的培训人员，真正使接受培训的失业人员学有所获，重新获得合适的就业安置；最后，建立职业培训考核与反馈机制，通过发展需求、培训内容、培训效果、就业方向等方面的调研、沟通、反馈，发现实际工作中的不足，改善与提升职业培训的效果。

2. 增加失业保险基金用于扶持大众创业的支出

提取一定比例的失业保险基金作为失业人员创业的引导基金，对于有意愿创业、敢于创新、创业项目具有可行性的失业人员，通过引导基金的扶持，为其提供创业培训补贴、创业贷款担保、创业贷款贴息，不仅可以给失业人员创业提供更广阔的舞台，还可以丰富内蒙古自治区的创业融资模式。

3. 增加失业保险基金用于失业人员参加公益性服务岗位的支出

对自愿到基层社区担任社会工作者的参保人，在基层社区同意的情况下，可设立"社区工作者津贴"，设定一定的支付期限和工作要求。在有效促进节能减排、环境保护的领域如能源、环保、农业等设立绿色岗位补贴，对在这类岗位就业的参保登记失业人员发放岗位补贴（郑秉文，2010）。

4. 加大失业保险基金用于预防失业的支出力度

在进行供给侧结构性改革、化解落后产能的过程中，继续利用失业保险基金对经营困难企业的员工进行转岗培训，对失业人员发放转岗培训补贴、支付社会保险补贴、岗位补贴、求职补贴等相关措施来稳定就业、预防失业，鼓励经营困难企业少裁员或不裁员，尽量减少失业；建立失业保险应急预警机制，针对局部地区因发生重大事件或自然灾害而出现的大规模失业，给予及时的应急失业补助，保障失业人员的基本生活，为社会经济的发展营造一个稳定的社会环境。

（三）推动失业保险协调发展，促进劳动力自由流动

提高失业保险协调性，实现内蒙古自治区失业保险省级统筹，以省级政府为责任主体将分散在多个统筹地区的失业保险基金、职业培训和介绍机构、失业人员信息以及就业信息汇集起来，提高到省级水平，增强失业保险基金的调剂能力；促进统筹地区内劳动力自由流动，使失业保险金的领取不受户籍制约，只需在省级失业人员信息库中即可。当内蒙古自治区失业保险参保职工发生工作变动时，失业保险关系应随之转移，缴费年限合并计算，并按迁入地标准核定失业保险待遇，实现在工作地领取失业金，操作方便，促进劳动力在内蒙古自治区范围内的自由流动。

（四）创新失业保险基金投资管理体制

建设失业保险基金省级投资管理体制，以省级社会保险经办机构作为"委托人"，采取招标的方式将基金"外包"给法人投资主体，采取市场化投资方式。对于具体的投资范围，可参照养老保险基金的投资管理办法，将少量失业保险基金投资于银行存款和国债以保证流动性；设定基金购买股票、股权、股指期货、国债期货的投资上限以保证安全性；采取组合投资策略，通过专业化的投资运营团队获取可观的投资收益，使失业保险基金保值增值，解决基金贬值问题。

（五）建立城乡统筹的失业保险制度

统一城镇企事业单位职工及农牧民合同制工人的参保政策及给付政策，使农民工享受与职工同样的缴费和待遇标准是失业保险制度改革的必然趋势。统一政策可以大幅提升农牧民合同制工人的保障水平。农牧民工失业后不仅可以按月领取失业保险金，由失业保险基金代缴医疗保险费，还可获得失业保险金给付期内的其他配套福利，待遇水平更高，保障也更全面。同时，城乡一体化的失业保险制度有利于城乡统筹就业，也体现了制度的公平性和公共服务的均等化。

第 五 章

内蒙古自治区社会救助发展报告

　　社会救助是社会保障体系的重要组成部分，对于保障贫困人口和遭受意外事件者的生活发挥着至关重要的兜底保障作用。近几年，内蒙古自治区社会救助体系的发展取得了一定的进展，尤其是2014年《社会救助暂行办法》的颁布实施以来，最低生活保障、医疗救助、教育救助、自然灾害救助等社会救助制度，对保障边疆少数民族地区居民的基本生活、促进社会公平、维护社会和谐稳定发展发挥了托底保障功能和救急救难的作用。

一、内蒙古自治区最低生活保障制度的兜底脱贫成效

最低生活保障制度（以下简称"低保制度"）是社会救助制度体系的核心，是完善中国社会救助制度体系的基点，也是全面建成小康社会的基本要求。近年来，内蒙古自治区的经济增长速度居全国前列，人均纯收入大幅提高，给自治区最低生活保障制度的发展提供了源泉。但是，内蒙古自治区的经济基础薄、盟市经济发展不平衡以及农村牧区居民的绝对贫困等现实问题也给内蒙古自治区城乡居民最低生活保障工作的推进和完善增加了难度。

（一）内蒙古自治区最低生活保障发展现状

1. 最低生活保障制度的覆盖人数开始下降

（1）城市居民最低生活保障覆盖人数先增长后减少。内蒙古自治区城市居民最低生活保障制度自 1997 年建立后，覆盖的人数不断增加。如图 5 - 1 所示，城市居民最低生活保障制度覆盖面在 2012 年达到最高，最低保障人数和户数分别为 80.80 万人、44.44 万户。2013 年，低保"退出"机制使得不符合要求的人员退出低保，城市低保人数、低保家庭户数都开始下降。到 2016 年，城市居民最低生活保障人数为 49.14 万人，户数为 30.44 万户。

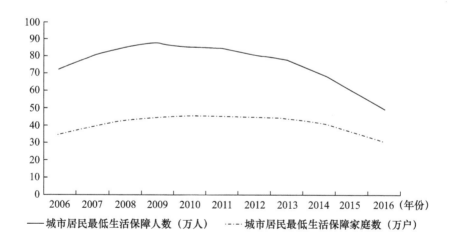

图 5 - 1　2006～2016 年内蒙古自治区城市居民最低生活保障人数

（2）农村牧区居民最低生活保障覆盖人数先增长后回落。内蒙古自治区农村牧区居民最低生活保障制度于 2006 年建立，之后相继颁布了《内蒙古自治区

人民政府关于建立农村牧区最低生活保障制度的通知》《内蒙古自治区农村牧区居民最低生活保障制度实施意见》等相关文件，就保障对象、保障范围、保障标准、申请和审批程序、资金来源和监督管理等给出了宏观指导意见。这些政策对扩大内蒙古自治区农村牧区居民最低生活保障制度的覆盖面起到了非常重要的促进作用。如图5－2所示，自2006年以来，农村牧区低保覆盖人数和家庭户数都逐年递增，2013年达到最高，分别为125.32万人、95.16万户；2014年开始都有所回落。

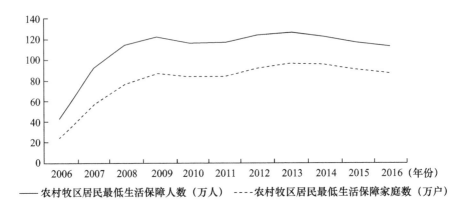

图5－2　2006～2016年内蒙古自治区农村牧区最低生活保障人数

2. 最低生活保障的保障标准增速减缓

（1）最低生活保障的保障标准增长较快。如表5－1所示，内蒙古自治区城市和农村的最低生活保障标准在2009～2013年增长率较高，城市低保增长率在10%以上，农村低保标准在15%以上。从2014年开始，城市低保标准和农村低保标准的增长率都开始回落，增速开始减缓，增长率都在10%以下。

表5－1　2009～2016年内蒙古自治区低保标准增长情况

年份	城市低保标准（元/人·月）	城市低保标准增长率（%）	农村低保标准（元/人·月）	农村低保标准增长率（%）
2009	241.4	—	—	—
2010	299.0	23.9	161.4	—
2011	343.5	14.9	198.8	23.2
2012	407.7	18.7	242.2	21.8
2013	460.3	12.9	284.6	17.5

续表

年份	城市低保标准 （元/人·月）	城市低保标准 增长率（%）	农村低保标准 （元/人·月）	农村低保标准 增长率（%）
2014	481.4	4.6	302.8	6.4
2015	508.0	5.5	324.3	7.1
2016	540.2	6.3	351.0	8.2

数据来源：根据《中国民政统计年鉴》（2017）整理所得。

（2）低保的平均保障标准高于全国标准，但是差距开始减小。内蒙古自治区多年来一直按照"只增不减、稳步提高"的原则适度提高低保标准。如图 5-3 所示，2009~2016 年，内蒙古城市低保标准从 2009 年的 241.4 元/人·月提高到 2016 年的 591 元/人·月，明显高于全国水平。据《中国民政统计年鉴》显示：2014 年，内蒙古城市低保标准为 481.4 元/人·月，全国城市低保标准为 410.5 元/人·月，内蒙古城市低保标准高出全国 70.9 元/人·月，2015 年差距开始减小。如图 5-4 所示，农村牧区低保标准从 2010 年的 161.4 元/人·月提高到 2016 年的 404.25 元/人·月。据《中国民政统计年鉴》显示：2014 年，内蒙古城市农村低保标准为 302.8 元/人·月，全国农村低保标准为 231.4 元/人·月，内蒙古农村低保标准高出全国 71.4 元/人·月，从 2015 年开始，农村低保标准与全国的差距开始缩小，高于全国的部分开始减小。

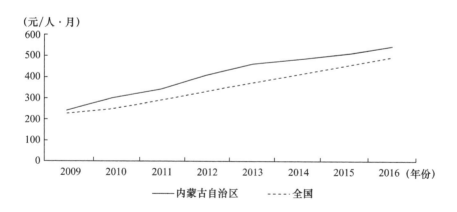

图 5-3　2009~2016 年内蒙古自治区城市低保标准与全国对比

3. 最低生活保障的政府财政投入力度逐步加大

近年来，随着内蒙古自治区公共财政收入的不断增加，用于社会保障和就业的支出明显提高。如表 5-2 所示，财政用于社会保障和就业的支出的绝对规模从 2006 年的 113.6 亿元提高到 2016 年的 642.54 亿元。其中，用于城市居民最低生活保障支出的绝对规模由 2006 年的 8.5 亿元提高到 2015 年的 34.1 亿元，占财政用于社会保障和就业总支出的比例分别为 7.50%、5.63%；用于农村牧区最低生活保障支出的绝对规模从 2006 年的 2.1 亿元增长到 2015 年的 32.3 亿元，占财政用于社会保障和就业总支出的比例从 2006 年的 1.89% 提高到 2015 年的 5.3%。

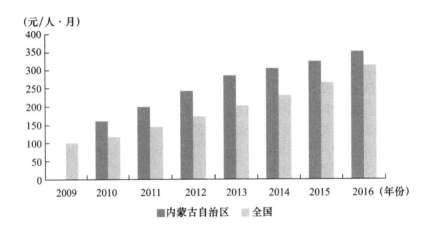

图 5-4 2009~2016 年内蒙古自治区农村牧区低保标准与全国对比

表 5-2 2009~2016 年内蒙古自治区最低生活保障支出及占财政社会保障总支出的比例

年份	财政用于社会保障和就业的支出（亿元）①	城市居民最低生活保障支出（亿元）②	农村牧区最低生活保障支出（亿元）③	城市低保占社会保障和就业总支出的比例（%）②/①	农村牧区低保占社会保障和就业总支出的比例（%）③/①
2006	113.6	8.5	2.1	7.50	1.89
2007	152.0	11.5	3.1	7.61	2.04
2008	191.5	16.8	7.8	8.77	4.12
2009	274.9	23.2	12.4	8.47	4.53
2010	292.4	25.9	15.6	8.87	5.35
2011	363.9	33.3	21.1	9.16	5.82
2012	435.4	35.2	25.1	8.09	5.78
2013	491.0	39.3	30.9	8.02	6.29
2014	531.7	37.6	31.3	7.07	5.89
2015	605.3	34.1	32.3	5.63	5.3
2016	642.54	—	—	—	—

数据来源：内蒙古自治区统计局官网，http://www.nmgtj.gov.cn/。

4. 最低生活保障的管理逐步规范

（1）最低生活保障法规制度不断完善。内蒙古自治区政府、财政厅、民政厅等政府机构不断出台颁布法规，强化了法律制度的建设。2011年颁布了《内蒙古自治区城市居民最低生活保障制度实施细则》《内蒙古自治区人民政府关于加快推进按标施保工作进一步完善城乡居民最低生活保障制度的指导意见》；2012年颁布了《内蒙古自治区财政厅关于加强城乡最低生活保障资金预算执行管理工作的通知》（内财社〔2011〕579号）、《内蒙古自治区人民政府办公厅关于印发自治区社会救助家庭经济状况核对办法的通知》（内政办发〔2012〕73号）；2014年3月，内蒙古民政厅印发了《关于建立人户分离家庭城乡低保入户核查协作工作机制的通知》，进一步规范了人户分离申请核查机制，为消除城乡低保工作盲点、做好城乡人户分离家庭低保救助工作提供了保障；2014年4月，民政厅印发了《内蒙古自治区最低生活保障工作绩效评价办法》，为全面客观衡量各盟市最低生活保障工作的开展情况提供了政策依据。2014年11月，制定出台了《城乡居民最低生活保障工作监督检查及责任追究办法》，为开展城乡低保工作监督检查和责任追究提供了制度保障。在盟市地方级政府方面，2014年9月颁布的《乌海市城市居民最低生活保障工作责任追究办法》，就低保工作部门职责、责任追究范围及方法进行了明确规定，为进一步加强全市社会救助工作规范化、制度化建设，促进低保工作公平、公正、廉洁高效，确保各级行政机关及其工作人员认真履行职责和正确行使权力提供了制度保障；2015年颁布的《巴彦淖尔市最低生活保障对象综合认定办法（试行）》，进一步规范城乡低保工作，提高了低保对象认定的科学性和准确性。从内蒙古自治区级到盟市级，近几年颁布了一系列法律法规，为自治区低保工作的顺利规范开展提供了法律依据。

（2）加快推进家庭经济状况核对工作。目前，内蒙古自治区本级已经实现车辆、户籍、人社等业务信息与相关厅局即时比对。2014年年末，内蒙古自治区100%盟市本级和80%的旗县（市、区）建立核对机制，对城市新救助申请家庭和已保家庭进行核对，并开始探索开展农村牧区家庭经济状况核对工作。

（3）开拓了应退尽退的渠道，及时清退不符合条件的人员，对应救助的人员及时给予政策救助，确保进退有序。在低保申请人"诚信认同"及授权的基础上，采取有效方式进行核对，有力地杜绝了通过隐瞒家庭收入和财产状况骗取低保救助金现象的发生。

（4）实行最低生活保障制度与扶贫开发的衔接。内蒙古自治区各级民政部门根据建档立卡贫困人口不同致贫原因实施精准救助。截至2016年底，24.06万符合条件的农村牧区建档立卡贫困人口被纳入农村牧区低保。为确保建档立卡贫困人口稳定脱贫，各级民政部门坚持"扶上马送一程"，对于通过扶贫支持政策实现脱贫的农村牧区低保对象提供过渡保障期，继续发放 3～6 个月的低保金，确保其能够稳定脱贫。

（5）加强最低生活保障资金的管理。从 2016 年起，内蒙古自治区将城市低保资金和农村牧区低保资金统一整合为最低生活保障资金，各地可以据实统筹调剂和使用。低保资金有结余的地区，可以调整部分资金用于低保对象的临时救助支出。对于各地最低生活保障补助资金支出少于当年自治区财政下达补助资金的地区，自治区将在下年分配补助资金时进行扣减。

（二）内蒙古自治区最低生活保障制度发展面临的困境

在经济社会发展的新常态下，面对人民群众日益增长的新期待、新要求，内蒙古自治区城乡最低生活保障制度的发展仍然存在着诸多不适应、不到位、不平衡、不协调等方面的问题。

1. 低保救助覆盖面较窄

《内蒙古自治区人民政府关于加快推进按标施保工作进一步完善城乡居民最低生活保障制度的指导意见》（内政发〔2010〕127 号）规定，"持有当地常住户口的居民，凡共同生活的家庭成员人均收入低于当地低保标准，且家庭财产状况符合当地人民政府规定条件的，可以申请低保。"也就是说，具备当地户籍的居民家庭，只要能够证明人均收入低于当地最低生活保障线，即可获得低保救助。户籍制度把非本地的居民排除在外，而家庭收入和财产认定的缺陷以及申请人的故意隐瞒使得低保救助对象发生偏差。例如，由于目前城市低保救助对象的非农业户籍限制，大量进城务工或失去土地的农民工，虽长期居住在城市，但由于没有城镇户籍，即便他们的生活符合城市低保的救助标准，却不能获得低保救助。再如，由于家庭收入和财产的要求使得很多城市的"低保边缘户"无法享受到低保救助。因此，现在仍然有一部分贫困人员未纳入低保覆盖范围。

2. 低保保障标准较低

（1）低保标准占城乡居民人均收入的比例偏低。如表 5-3 所示，2009～2016 年城市居民低保标准年均增速为 12.19%，城市居民家庭月人均可支配收入年均增速为 11.03%，城市低保标准增速略高于人均可支配收入增速，随着可支配收入的增加而增加；低保标准占人均纯收入的比例在 2012 年达到最高值 21.13%，2013 年后开始下降。2009～2016 年农村低保标准年均增速为 13.82%，农村牧区居民家庭人均纯收入年均增速为 12.98%，农村牧区低保标准增速略高于家庭人均纯收入增速；低保标准占居民人均纯收入的比例 2013 年达到最高值 39.73%。因此，从最低生活保障标准与居民人均收入的比例来看，城市和农村牧区的低保标准都明显偏低，城市的低保标准相对于人均收入而言更低，基本上在20%左右徘徊，保障力度明显不足；农村牧区低保标准占居民人均纯收入的比例在35%以上。从低保标准看，城市低保标准与城镇人均可支配收入的占比低于农村牧区低保标准与农牧区人均纯收入的占比，这意味着城市低保标准对城市居民收入的影响较小，低保标准水平偏低，而农村牧区低保标准对农村牧区人均纯收入的影响较大。

表5-3　2009~2016年内蒙古自治区低保标准与居民人均收入对比情况

年份	城市			农村牧区		
	平均低保标准（元/人·月）	居民家庭人均可支配收入（元/月）	低保标准/居民人均可支配收入（%）	平均低保标准（元/人·月）	居民家庭人均纯收入（元/月）	低保标准/居民人均纯收入（%）
2009	241.4	1320.7	18.28	—	411.5	—
2010	299.0	1474.8	20.27	161.4	460.8	35.03
2011	343.5	1700.6	20.19	198.8	553.5	35.92
2012	407.7	1929.2	21.13	242.2	634.3	38.18
2013	460.3	2208.1	20.85	284.6	716.3	39.73
2014	481.4	2362.5	19.98	302.2	831.3	36.34
2015	508.0	2549.5	19.93	349.8	898	38.95
2016	540.2	2747.9	19.66	351.0	967.4	36.28
增速（%）	12.19	11.03	—	13.82	12.98	—

数据来源：《中国民政统计年鉴》（2017），北京：中国统计出版社。

（2）低保标准占城乡居民人均消费支出的比例偏低。如表5-4所示，2009~2016年，城市居民低保标准年均增速为12.19%，城市居民家庭人均消费支出年均增速为9.09%，低保标准增速低于人均消费支出增速，低保标准占人均消费支出的比例在2013年达到最高值28.68%；农村牧区低保标准年均增速为13.82%，农村牧区居民家庭人均生活消费支出年均增速为18.98%，低保标准与居民人均消费支出的比例在2013年达到最高值50.49%。城市低保标准与城市人均消费支出的占比远远低于农村牧区低保标准与农村牧区人均消费支出的占比，意味着城市低保标准对城市居民的消费支出影响较小，低保标准水平偏低；而农村牧区低保标准对农村牧区消费支出的影响较大，相对于城市来说较高一些。

表 5-4　2009~2016 年内蒙古自治区城乡低保标准与居民人均消费支出对比情况

年份	城市			农村牧区		
	平均低保标准（元/人·月）	居民家庭人均消费支出（元/月）	低保标准/居民人均消费支出（%）	平均低保标准（元/人·月）	居民家庭人均消费支出（元/月）	低保标准/居民人均消费支出（%）
2009	241.4	1030.8	23.42	—	283.0	—
2010	299.0	1164.2	25.68	161.4	329.2	49.02
2011	343.5	1323.1	25.96	198.8	402.3	49.41
2012	407.7	1476.4	27.61	242.2	477.6	50.71
2013	460.3	1604.0	28.68	284.6	563.6	50.49
2014	481.4	1740.4	27.20	302.8	831.0	32.38
2015	508.0	1823	27.87	349.8	886.41	39.46
2016	540.2	1895.3	28.50	351.0	955.25	36.74
增速（%）	12.19	9.09	—	13.82	18.98	—

数据来源：《中国民政统计年鉴》（2017），北京：中国统计出版社。

3. 低保救助管理不规范

（1）低保"进入"管理不严格。第一，审查时间短。在实践中，城市低保户从申请到入保，基本上都在一个月左右的时间内完成。核查人员的入户调查、实际走访次数在现行制度设计中没有统一的规定，这与欧美对于"具备一定劳动能力"的贫困救济核查时间差距很大。例如，英国、德国的行政核查从申请之日起，政府核查、认定时间至少在 6 个月以上。第二，审查项目少。目前，内蒙古自治区低保认定对象必须满足户籍状况、家庭收入和家庭财产三个条件：持有当地常住户口的居民，凡共同生活的家庭成员人均收入低于当地低保标准，且家庭财产状况符合当地人民政府规定条件的，可以申请低保。对于无劳动能力、无收入来源的实行全额补助，对于有劳动能力、有收入来源的实现差额补助。其中，收入的审查较为复杂。内蒙古自治区对于低保救助中有劳动能力的申请对象，实际人均收入按"应得收入"计算，参照零工收入标准，因具体工作性质的不同导致的不同工种的收入差距无法计算与核实，因此，实行差额补助就不能因人而异，有失公允。

（2）有劳动能力的低保人员缺乏再就业培训。目前，对于低保申请对象中有劳动能力的没有再就业的要求，地方政府缺乏提供劳动技能培训的责任。内蒙古自治区对辖区的再就业培训对象，都局限在登记失业人员范畴，低保救助对象被排除在外。多数有劳动能力的低保救助对象未被纳入再就业培训。

（3）基层低保管理工作难度较大。在户籍制度改革、人口流动频繁的新形势下，低保工作的管理难度进一步加大。基层的低保管理部门，由于工作程序规定上的不细致、基层工作监督机制不健全以及低保监督工作客观上存在的难度，助长了基层工作的粗放化，由此导致了申请资格审查、确定保障对象、执行保障标准、发放保障资金、进行动态管理、保存工作文件和落实优惠等各个环节的随意性，甚至导致一些违规事件出现，如低保资金的挤占挪用等。在农村牧区，由于居民居住地相对分散，而基层民政部门人员配备较少，工作手段落后，仅由乡村两级逐一调查核实低保对象，工作量较大，导致了低保工作程序的粗放。

（4）低保标准设计不合理导致"贫困陷阱"。在内蒙古自治区实施的最低生活保障制度中，低保补助实行差额补助和全额补助两种，对"三无人员"全额补助，对尚有一定收入的城市居民、农村牧区居民实行差额补助，批准其差额享受最低生活保障待遇。所以，低保户最终的实际救助额等于低保救助标准减去申请救助者的实际收入。因此，受助者无意通过劳动或者其他方式增加自己的收入，因为增加多少意味着失去多少，受益者不愿意中断一直延续的低保待遇，于是出现"贫困陷阱"。在内蒙古自治区城乡最低生活保障制度中，虽然对申请低保的人员要进行详细严格的家计调查，但由于没有严格的监管机制，并没有对受助人员产生一种约束的条件或机制，进而衍生出一些变相不公的现象。

4. 低保救助资金来源单一

资金问题是建立低保制度的核心问题，低保资金来源主要包括财政拨款、社会捐助两个渠道。但是目前内蒙古自治区低保救助中财政拨款是主要来源，社会捐助的规模较小，低保救助资金来源较为单一。

（1）中央和地方财政投入的博弈。近几年，内蒙古自治区大力发展"民生工程"，城市居民最低生活保障和农村牧区最低生活保障的财政预算都在增长，但各级政府预算不尽合理。

一方面，城市居民最低生活保障预算安排中中央占比较大且不断增长。如图5-5所示，2011～2016年，中央和自治区在城镇居民最低生活保障制度的预算安排中，中央政府的预算安排占很大的比例且不断增长，高于自治区级预算安排规模。如图5-6所示，自治区级、市级、县级以下三级预算安排中，自治区级预算安排数量最多且不断增长，旗县级预算安排略高于盟市级预算安排，且两级预算都有下降的趋势。

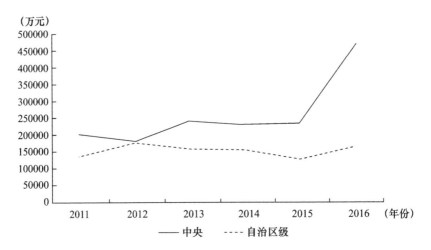

图 5 - 5　2011～2016 年中央和内蒙古自治区级城市最低生活保障预算

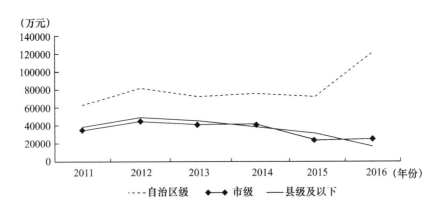

图 5 - 6　2011～2016 年内蒙古自治区级及以下城市最低生活保障预算

　　另一方面，农村牧区居民最低生活保障预算安排中旗县级及以下占比最大。如图 5 - 7 所示，2011～2016 年，中央财政承担低保资金的筹集责任偏小，自治区级预算安排和中央预算安排相差不大；2016 年农村牧区低保资金全部纳入了地方财政预算，中央预算不再安排。如图 5 - 8 所示，2011～2016 年，自治区级、市级、县级及以下三级预算安排中，自治区级预算安排数量最少且不断下降；县级及以下预算安排最大，2014 年达到最高后开始下降，2016 年又开始回升；市级预算安排一直略低于自治区级预算，但在 2013 年后开始超过自治区级预算安排。由于各盟市地方经济发展和财政实力的差异、最低生活保障经费在总量上和不同盟市间投入不足，大部分市旗县的低保资金还存在不同程度的缺口，尤其是农村牧区低保缺乏中央财政的明确补助。

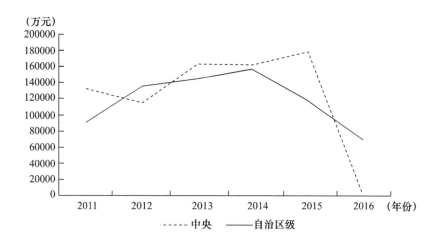

图 5 - 7　2011～2016 年中央和内蒙古自治区级农村最低生活保障预算

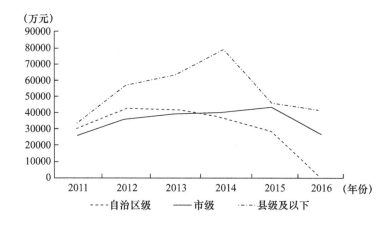

图 5 - 8　2011～2016 年内蒙古自治区级及以下农村牧区最低生活保障预算

　　（2）社会捐助落后且用于城乡低保的投入有限。目前，内蒙古自治区社会捐助事业较为落后，民政部门接收的款物较少，同时社会捐赠接收工作站和慈善超市的个数也很少，这些都导致了社会捐赠总额数量较少。如表 5 - 5 所示，2011～2016 年，内蒙古自治区民政部门直接接收和间接接收的社会捐赠数额较小，直接接收的捐赠款为 6980.8 万元，捐赠衣被合计 66.2 万件，捐赠其他物资价值为 28727.9 万元；间接接收的社会捐赠款为 1297.1 万元，捐赠衣被合计 0.1 万件，捐赠其他物资价值为 9880.6 万元；受益 120409 人次。社会捐助主要用于赈灾、助残、救孤、助学、助医以及其他困难救助，而用于城乡低保的数量微乎其微。

表 5－5　2011～2016 年内蒙古自治区民政部门接收的社会捐赠

年份	直接接收社会捐赠情况			间接接收社会捐赠情况			受益人次数（人次）
	捐赠款（万元）	捐赠衣被（万件）	捐赠其他物资（万元）	捐赠款（万元）	捐赠衣被（万件）	捐赠其他物资（万元）	
2011	2601.3	12.8	55	415.8	—	—	55941
2012	1264.4	6.6	4675.5	139	—	75.5	29067
2013	2114	41.5	6755.1	720	—	—	13735
2014	668.4	0.9	8086.1	22.3	0.1	—	1454
2015	61.2	1.4	0.8	—	—	—	1191
2016	271.5	30	9155.4	—	—	9805.1	19021
合计	6980.8	66.2	28727.9	1297.1	0.1	9880.6	120409

数据来源：《中国民政统计年鉴》（2017），北京：中国统计出版社。

总而言之，单一化的财政筹资加剧了内蒙古自治区地方用于城乡最低生活保障的财政负担，而民间组织等社会捐助能力有限。从整体上看，内蒙古自治区多元化最低生活保障筹资机制尚未建立。

5. 低保户"全面救助"和低保边缘户的"零救助"并存

目前，社会救助的各种项目都是与"低保"挂钩，形成了救助的叠加，使"低保对象"成为一种特定的社会身份。低保资格附带着很多连带的利益，有着很多辅助性的社会救助制度，如医疗、教育和住房救助等都是优先甚至完全针对低保户的。如果低保户失去低保资格，就会同时失去这些利益，而这些帮助对很多低保户来说是更重要的。这种救助项目的叠加不利于低保作用的发挥。低保福利依赖问题并非低保标准水平过高，而是附加在低保制度上的种种其他福利（姚建平，2013）。同时，由于条件不符合而未被纳入低保的"边缘户"在遇到困难时却得不到任何形式的救助。低保户的"全面救助"和低保边缘户"零救助"并存，不利于社会的和谐发展。

（三）新时代进一步完善内蒙古自治区最低生活保障制度的建议

面对经济新常态，为了实现"两个一百年"的目标，切实保障城乡困难群众的基本生活是根本。内蒙古自治区城乡最低生活保障制度需要继续优化、不断改革，把最低生活保障工作提高到新水平。

1. 救助对象精准化

（1）准确审核低保申请救助对象。积极探索低保申请对象"家庭人均收入"的管理模式。对难以核查的隐性收入等问题，可依据等概率原理采用抽样调查的方法进行处理。具体做法是采用简单随机抽样或者系统抽样的方法，选取一定样本量的申请救助家庭，除了进行一些必备的调查项目以外，还需要额外的追加一些可能的隐性收入项目进行重点核查。采用随机抽样的方法，一方面保证每一时期每一个申请救助的家庭都有同等的概率接受较为复杂的隐性收入等核查，保证制度的公平性，另一方面采用概率抽样的方式着眼于样本，可节省制度运行成本。此外，还可借鉴江苏省社会救助管理工作联席会议制度和上海居民经济状况核对中心的居民经济状况核对系统，即"电子比对专线"[1]。政府对申请对象自报职业与实际职业进行核准，对不同工种的工资标准核定计算。对申请对象的家庭财产审核、财产性收入的审核评估等，都要积极探索审核标准和审核渠道。

（2）实施低保对象的"分层"救助。对低保对象实行边界弹性化处理，将救助对象分层，可以使低保更加具有针对性，发挥更好的社会效益。在具体操作中，可以考虑根据劳动能力将低保户进行区分，实行不同的制度。对于"三无"群体、老年人、残疾人、孤儿等不在劳动年龄段或者丧失劳动能力的人群继续提高待遇标准，实行全面的救助。对于有劳动能力的群体则提出更严格的工作要求和相对较低的救助金，并为其提供丰富的再就业培训。这种分层救助一方面能够保障"最贫困"的家庭得到有效的救助，体现救助的效率，另一方面又能够保障那些低保边缘群体得到救助，体现救助的公平性，从而在一定程度上体现了公平与效率的统一。除杭州市以外，中国的其他地区也有针对低保边缘户的有益制度探索，以制度化的形式来消除现行制度对低保边缘户的排斥。

（3）完善低保对象退出机制。《内蒙古自治区城镇有劳动能力低保对象就业帮扶渐退管理办法》（内民政社救〔2013〕152号）提出：凡城镇低保家庭中在就业年龄段内（男性18周岁至55周岁，女性18周岁至45周岁）、有劳动能力尚未就业的人员（不含全日制在校学生），经劳动保障部门介绍就业或自谋职业者均属"渐退帮扶"对象。有劳动能力的低保对象退出机制成为新常态，内蒙古自治区各盟市应该建立健全城镇低保对象与促进就业工作的联动和激励约束机制，帮助其尽快实现就业和再就业。

第一，要明确享受低保救助群体的权利义务关系。享受低保救助权利和承担义务是紧密相连的。一方面是所有居民在家庭人均收入不足当地最低生活保障线

---

① 祝建华. 城市居民最低生活保障制度的调整与转型——地方实践与制度重构 [J]. 学习与实践，2010（9）.

的情况下，都有权提出低保救助申请，有权享受政府提供的低保救助资金或各种补贴、代金券。另一方面低保救助对象必须履行义务，如当家庭的人口状况、收入状况、财产状况发生变化的应当及时告知苏木乡镇人民政府①。

第二，健全低保对象的综合认定方法，实现"应保尽保"和"应退尽退"。2017年内蒙古自治区民政厅印发的《关于配合做好精准扶贫工作方案》明确要求各地政府制定出台低保对象综合认定实施方案，对新申请对象严格按综合认定指标进行审核审批，及时将符合低保条件的困难群众纳入保障范围，确保对象认定精准，实现"应保尽保"。在享对象和新申请家庭的工商登记、婚姻家庭、社保缴纳、车辆、房产等信息要定期核对，助力低保对象精准认定和精准退出。同时，对因病因学费等刚性支出进行适当扣减，将支出型贫困的建档立卡贫困人口纳入农村牧区低保范围，实现兜底脱贫。例如，推广内蒙古自治区赤峰市克什克腾旗农村牧区低保对象的认定标准体系，推进低保对象认定综合指标体系，综合低保对象劳动力系数、家庭收入、财产状况、赡（抚）养人情况、听证评议等因素，建立各地统一的低保对象认定标准，切实提高低保对象认定的科学性和准确性。

（4）把有劳动能力的低保对象纳入扶贫开发对象，努力让其自食其力。实际上，很多有劳动能力的低保户并非不想工作，事实上他们大多数都是灵活就业者，只是为保持其低保资格而隐瞒工作或收入而已。工作收入确实会导致很多相关利益的损失，而低保户所能找到的工作往往是收入非常低并且极不稳定的工作，与失去的利益相比，完全是得不偿失，因而不少低保户为保持其低保资格而对找工作采取消极的态度，甚至在工作与低保资格发生冲突时宁愿放弃工作也不愿放弃低保资格。可见，只有当就业后的收益大于就业前的从低保等其他救助中获得的综合收益时，低保户才会积极地寻找工作。因此，可以采取以下措施促进有劳动能力的低保户积极求职：

第一，促使低保对象参加再就业培训。在就业年龄内的有劳动能力者应当主动就业或者接受有关部门介绍的工作。特别是对于有劳动能力的低保对象，必须承诺履行自己在一定时期的再就业约定，明确其参加再就业技能培训、再就业心理辅导及职业道德培训的义务。例如，低保救助对象履行《再就业合同》程序。对于已经进入低保救助行列的低保群体，应按照入保时的权利义务约定，在尊重个人择业意愿的条件下，可以试行区县政府部门、社区（居民委员会），与其签订三方共同认可的《再就业合同》，通过再就业合同管理模式，三方约定履行再就业培训内容、培训时间，在约定时间内走出低保救助大门。如某受助对象的个人意愿是通过学习厨艺自食其力，通过政府组织培训或委托培训方式，在通过培

---

① 赵溯理，杨怀印. 我国城镇低保救助制度的完善设计建议［J］. 中国行政管理，2014（8）.

训后以政府推荐等方式帮助其走向再就业岗位。把低保金的给付和参加培训或参与就业有机联系起来，建立鼓励就业或培训的利益导向机制，同时辅之以严厉的懒汉治理措施，加重消极行为给他们带来的不利后果，以防止其对政策福利的极大依赖。促进低保对象中具有劳动能力的人群就业，既有利于控制财政支出的压力，又有助于增加真正需要保障人群的待遇。

第二，发放就业补贴，通过社会救助资金对就业后收入低于最低工资标准的低保户发放不同比例的就业补贴。对于有志于创业的救助对象，可以从工商税收上给予优惠；对于那些正在享受低保同时又找到工作的人，可以给他们一个享受低保金的过渡期①，这样可以避免他们落入"失业陷阱"。在内蒙古自治区，对于有创业意愿的低保户家庭，最缺乏启动资金。帮助低保户通过自主经营的方式走出低保，可尝低保户的"低保金拉长"②，即根据低保户的创业能力、创业计划来确定低保金拉长抵押贷款的规模。

2. 救助标准精准化

（1）低保标准的准确制定。首先，从最低保障标准的制定范围来看，合理的最低生活保障线低于低收入线，同时也应该低于最低工资线，当然也低于社会平均工资。确立一个科学合理的最低生活标准是完善最低生活保障制度的基本要求，标准是否合理直接影响着保障制度能否顺利实施。如果在制定的过程中将标准定得太高，则会加重国家的财政负担，也将滋生"懒汉心理"，降低受助者的脱贫积极性；如果将标准定得太低，则不能保障贫困者得到最低生活补助，违背了最低生活保障的普遍性原则。其次，从城市居民的最低生活保障标准的制定来看，随着生活水平的不断提高，基本生活需要的范围逐步扩大，满足最低生活需要的最低生活保障标准也应该适时不断提高。2011年《内蒙古自治区城市居民最低生活保障条例实施办法》规定：城市居民最低生活保障标准，按照维护当地城市居民基本生活所必需的衣、食、住费用，并适当考虑水电燃煤（燃气）费用以及未成年人的义务教育费用确定。但这种制定方法涵盖范围较窄，应该随着经济发展扩大基本生活需要的范围。最后，从农村牧区居民最低生活保障标准的制定来看，农村牧区低保家庭的收入来源不定时、不稳定，具有隐蔽性，所以收入核算困难。各盟市要根据当地农牧民的情况，做好共同生活的家庭成员经营性净收入和工资性收入的核查。对申请人及共同生活家庭成员的社保、车辆、房产、金融、保险等信息进行核对，并通过入户调查、邻里走访、信函索证、群众评价等方式，全面了解农村牧区低保申请家庭的收入、财产和实际生活状况。对申请人家庭收入难以确定实际数额的，依据当地最低工资标准、农村牧区劳动力

---

①　高传胜 . 中国社会救助体系建设还可以再做些什么？[J] . 中国民政，2011（9）．

②　赵溯理，杨怀印 . 我国城镇低保救助制度的完善设计建议 [J] . 中国行政管理，2014（8）．

人均收入等进行测算，确保农村牧区低保申请家庭经济状况核查的公平、公正。

（2）低保标准的动态调整。最低生活保障标准的动态调整是指低保标准与物价上涨挂钩的联动机制，并随着当地居民生活必需品价格变化和人民生活水平的提高定期调整。《内蒙古自治区人民政府办公厅关于完善社会救助和保障标准与物价上涨挂钩联动机制的通知》（内政办发〔2014〕56号）规定了内蒙古低保标准与物价上涨挂钩联动机制，确保了低保家庭的基本生活水平。

（3）低保标准调整的公开化。2017年，内蒙古自治区政府下发《关于2017年全区社会救助标准有关事宜的通知》明确要求各地区要及时将自治区人民政府审核确定的社会救助标准向社会公布并严格执行。再次调整社会救助标准必须按有关程序上报，经自治区人民政府批准后执行。

（4）实施类别标准。所谓类别标准，是指按照某种人群特征或困难特征来标定困难人口的做法，如残疾人、老年人、孤儿、失业者等。这些人群中虽然并不都是困难者，但他们当中困难者的比例较大，或者说他们陷入贫困的风险较大。类别标准不是单纯以个人或家庭的生计审查为基础，而是以群体的平均风险度为基础去筛选群体，被选出来的群体普遍享有相应的待遇，因此具有一定的普惠性，是介于普惠性与特惠性之间的一种方法和标准。采用类别标准，将他们都纳入到社会救助对象之中，一方面可以节省低保瞄准的成本（包括经济成本与社会成本），另一方面也可以更加有效地降低他们的社会风险，防止他们跌入贫困。目前，许多国家的社会救助制度都广泛采用类别标准，说明这种方法有其合理性。

3. 救助方式精准化

最低生活保障的救助形式应该以现金救助为主，实物救助与社会服务相配套。城乡居民生活援助制度依然是基于家计调查为核心的一项生活援助制度。因此，现金救助依然是救助的主要形式，实物救助较多的是以费用减免的方式来体现。另外，针对一些家庭的特殊需要，可以采用提供社会服务的方式来满足其基本生活需要，或者由政府购买服务的形式给这些家庭提供包括疾病护理、生活照料在内的社会服务，对一些未到法定退休年龄同时身体健康的失业人员，可通过提供培训等就业服务的方式来帮助其提高自我发展能力[1]。

4. 救助资金精准到位

2014年，《内蒙古自治区城乡居民最低生活保障资金管理办法》进一步明确城乡低保资金的筹集渠道包括各级财政预算安排的资金、社会捐赠收入及其他资金，并要求盟市、旗县财政部门应将城乡低保资金足额纳入同级财政预算，通过

---

[1] 祝建华. 城市居民最低生活保障制度的调整与转型——地方实践与制度重构［J］. 学习与实践, 2010（9）.

财税优惠政策鼓励和引导社会力量提供捐赠和资助，多渠道筹集城乡低保资金。

（1）增大财政投入。尽快建立健全低保投入与国民经济和政府财力挂钩的联动机制。加大财政投入规模，提高城乡低保标准和补助水平，确保城乡困难群众基本生活不因物价上涨而受到影响。同时，进一步优化支出结构，提高城乡低保资金在公共财政支出中的比例，确保将符合标准的救助对象全部纳入低保制度，切实做到应保尽保。要加强低保专项资金的预算执行管理，加快预算执行进度，减少结余资金。完善预算执行情况逐月通报制，将年初预算到位率作为政府使用低保资金绩效考核的重要指标，与下年预算安排挂钩。另外，规范政府间转移支付制度，形成合理的各级政府财政分担机制。要以"因素计分法"测算的救助资金数量作为政府间转移支付的决策依据，综合测算转移支付接受方的财政收入能力和财政支出需要，建立规范化的低保转移支付制度设计和执行标准。

（2）拓宽筹资渠道，壮大低保资金实力。充分发挥民间组织的筹资渠道作用，开展形式多样的最低生活保障捐赠资助活动，将捐助的资金存入专门的账户，用于补充低保资金的缺口。此外，个人所得税属于调节收入的税种，因此可考虑将个税规定为地方低保资金的固定来源①。发行专用于低保的福利彩票，也可补充部分低保资金。通过全社会共同分担的形式，建立起以公共财政为主体的多元筹资机制，实现政府主导、民政协调、社会各方面救助的全方位、多层次的保障。

5. 救助管理工作精准化

（1）加快社会救助立法，推进社会救助规范化管理。2014 年颁布的《内蒙古自治区社会救助办法》，标志着自治区社会救助工作立法创制取得了突破性进展，为依法依规救助提供了坚实基础。在此基础上，根据不同社会救助项目的特点，由自治区人大出台有关救助项目的地方性法规，切实提高社会救助项目立法层次，为依法救助提供强有力的法律支撑，确保城乡社会救助各项任务落到实处、困难群众得到实惠。

（2）落实管理责任。目前内蒙古自治区要求最低生活保障工作实行地方各级人民政府负责制，政府主要负责人对本行政区域最低生活保障工作负总责，最低生活保障工作纳入对盟市领导班子的实绩考核。因此，各盟市在低保管理中，参照自治区有关考核办法，将最低生活保障政策实施情况纳入各级人民政府考核体系，考核评价结果作为干部选拔任用、管理监督的重要依据。

（3）建立统一的保障制度奖惩机制。《内蒙古自治区城乡居民最低生活保障资金绩效考评暂行办法》（内财社〔2011〕2452 号文件）要求对各盟市城乡居民最低生活保障资金预算执行进度和支出均衡性等情况进行绩效考核。因此，在低

---

① 郭明霞. 社会救助的国际比较及其经验借鉴［J］. 兰州大学学报（社会科学版），2010（3）.

保资金预算安排上，建立了下年预算安排与上年预算执行挂钩机制；在分配城乡居民最低生活保障补助资金时，对地方政府保障制度投入资金、扶持力度、年度绩效考核突出的地方给予奖励支持，反之则对其进行一定的处罚。通过这一方式，形成良性的竞争环境，加大地方政府对最低生活保障制度建设的重视程度，更好贯彻落实保障制度的相关政策。

（4）加强基层低保工作能力建设。内蒙古自治区的旗县（市、区）是低保工作管理的主体，担负着低保政策制定、资金投入、工作保障和监督管理职责。苏木乡镇（街道办事处）是低保工作的具体执行主体，履行低保申请受理、调查、评议和公示等审核职责，任务多、责任大。为了积极有效解决低保经办机构人员少、救助不及时等问题，积极贯彻执行《关于积极推行政府购买服务加强基层社会救助经办服务能力的实施意见》（内民政发〔2017〕87号）的精神，采用政府购买的方式向社会公开招聘基层低保工作服务人员。例如，2018年，内蒙古自治区巴林左旗在旗政府购买社会救助服务工作领导小组的统一领导下招聘社会救助服务人员，以此来解决基层社会救助经办机构人员短缺的问题。

二、"健康内蒙古"战略下的内蒙古自治区医疗救助制度

医疗救助制度作为我国医疗保障体系的重要组成部分，是保障城乡困难居民医疗需求的最后一道制度"屏障"。内蒙古自治区医疗救助制度作为主要针对城乡贫困居民的专项社会救助制度，在缓解困难群众医疗支付难和普通居民因病致贫、保障困难群体医疗权益等方面发挥了重要作用。

（一）内蒙古自治区医疗救助制度的实施现状

医疗救助制度是现代社会医疗保障体系中的一个重要组成部分。从建立之初，医疗救助制度就分为城市医疗救助制度和农村牧区医疗救助制度两部分。2004年10月30日，内蒙古自治区民政厅、卫生厅、财政厅联合印发了《内蒙古自治区农村牧区医疗救助工作实施方案》，标志着内蒙古自治区农村牧区医疗救助制度的建立。2005年4月，内蒙古自治区民政厅、卫生厅、劳动和社会保障厅、财政厅制定并下发了《内蒙古自治区城市医疗救助试点工作实施方案》，标志着内蒙古自治区城市医疗救助制度开始试点，并确定25个旗县（市、区）开展试点。从2008年1月起，全区城市医疗救助制度全面推开，也意味着内蒙古自治区城乡医疗救助制度在全区范围内建立。内蒙古自治区城乡医疗救助制度的建立和完善对缓解城乡居民"因病致贫、因病返贫"起到了积极的促进作用，也推动了"健康内蒙古"战略的实施。

1. 救助范围不断扩大

自内蒙古自治区医疗救助制度建立以来，医疗救助的对象主要是城乡低保人员和农村五保供养人员。2013 年 7 月，内蒙古自治区民政厅、财政厅、人力资源和社会保障厅、卫生厅、医改办（全称为深化医药卫生体制改革工作领导小组办公室）联合下发了《关于进一步完善城乡医疗救助制度的意见》，明确将救助对象扩大为旗县（市、区）民政部门纳入信息化管理的城乡低保对象、农村牧区五保对象、城镇"三无"对象、孤残儿童、重度（一级、二级）残疾人员和其他特殊困难人员。

2. 直接救助中住院救助人次数明显增加，门诊救助人次数明显降低

如表 5 - 6 所示，2012 ~ 2016 年民政部门直接实施的救助人数有起有落。其中，住院救助人次数呈明显的增加趋势，尤其是从 2013 年开始，这种增长趋势表现得非常明显，但增长速度变化复杂；门诊救助人次数明显降低，尤其是2012 ~ 2015 年降低的速度较快，2016 年又出现了回升现象，如图 5 - 9 所示。

表 5 - 6　2012 ~ 2016 年内蒙古自治区民政部门直接实施的医疗救助人数

单位：人

年份	总数	住院人次数	门诊人次数
2012	389127	207831	181296
2013	297077	160908	136169
2014	301882	218188	83694
2015	278779	229608	49171
2016	320896	267996	52900

数据来源：《中国民政统计年鉴》（2017），北京：中国统计出版社。

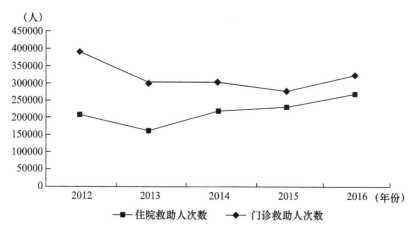

图 5 - 9　2012 ~ 2016 年住院救助和门诊救助人次数（民政部门直接救助）

3. 医疗救助资助参加医疗保险的人数呈现先升后降的趋势

从 2003 年内蒙古自治区农村牧区医疗救助制度建立开始，医疗救助制度的功能之一就是资助医疗救助对象缴纳个人应负担的全部或部分资金、参加当地合作医疗、享受合作医疗待遇。2013 年 7 月，内蒙古自治区民政厅等部门联合下发的《关于进一步完善城乡医疗救助制度的意见》提出，从 2013 年起，救助对象（属于城镇职工医疗保险覆盖范围的除外）参加城镇居民医疗保险和新型农村牧区合作医疗应缴纳的个人参保参合费用，属于农村牧区五保对象、城镇"三无"对象和孤儿的给予全额资助，城乡低保对象统一按 50 元标准给予资助，超过资助标准的个人应缴参保参合费用由救助对象自付。可以看出，医疗救助资助参加医疗保险的人群在不断扩大。但医疗救助资金资助参加医疗保险的人数呈现出先升后降的趋势。如图 5 - 10 所示，2010 ~ 2012 年呈现出不断上升的趋势，而 2012 ~ 2015 年呈现出明显的下降趋势，2016 年略有回升。

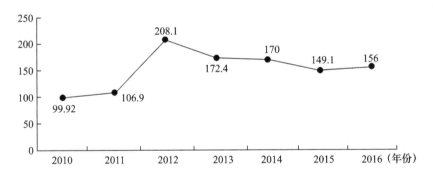

图 5 - 10　2010 ~ 2016 年医疗救助资助参加医疗保险的人数

4. 医疗救助资金的支出在逐年增加

内蒙古自治区城乡医疗救助资金的支出包括资助救助对象参加医疗保险的支出和对医疗救助对象的直接救助支出（包括住院救助和门诊救助）。从表 5 - 7 可以看出，内蒙古自治区城乡医疗救助资金的支出呈现出逐年增加的趋势，2010 年医疗救助支出为 36116. 7 万元，到 2016 年增加到 79868. 9 万元，年均增长率为 14. 1% 。其中，资助救助对象参加医疗保险的支出从 2013 年的 8588. 7 万元增加到 2016 年的 12869. 4 万元，年均增长率为 14. 4% ；用于救助对象住院费用和门诊费用的救助支出虽然呈现出逐年增加的趋势，但增长幅度较小，年均增长率为 8. 86% 。

表 5 – 7　2010 ～ 2016 年内蒙古自治区城乡医疗救助资金的支出情况

单位：万元

年份	资助参加医疗保险的支出	直接医疗救助支出	医疗救助总支出
2010	—	—	36116. 7
2011	—	—	47612. 5
2012	—	—	55109. 3
2013	8588. 7	51939. 1	60527. 8
2014	11236. 8	56844. 7	61324. 1
2015	10730. 9	62436. 7	73167. 6
2016	12869. 4	66999. 5	79868. 9

数据来源：《中国民政统计年鉴》（2017），北京：中国统计出版社。

5. 提高了部分救助对象的医疗救助标准

2013 年 3 月 15 日，内蒙古自治区民政厅、财政厅、人力资源和社会保障厅、卫生厅联合下发了《关于对艾滋病机会性感染病人实施医疗救助的通知》，其中明确提出，对城乡低保对象、农村牧区五保对象、城镇三无对象、孤残儿童、重度（一级、二级）残疾人员中的艾滋病机会性感染病人，在定点医疗卫生机构就医发生的政策范围内的住院或门诊医疗费用，农村牧区经新农合报销 80% 和大病保险补偿报销后，剩余个人自付部分通过医疗救助给予全额补助；城镇居民经基本医疗保险和大病保险补偿报销后，剩余个人自付部分通过医疗救助给予全额补助。

2017 年，内蒙古自治区又对低保对象、特困人员、建档立卡贫困人口三类人实行全面取消救助起付线，对其他救助对象设置起付线，对起付线以上的合规自付费用按比例给予救助。

6. 启动了重特大疾病医疗救助工作，提高了重特大疾病医疗救助水平

内蒙古自治区从 2012 年起开展重特大疾病医疗救助试点工作，2013 年全面启动，将儿童急性白血病和先天性心脏病、妇女宫颈癌、乳腺癌等 20 种疾病纳入救助范围，对经医保报销后自付部分，城乡低保对象、农村牧区五保供养对象等救助对象按不低于 65% 的比例救助，其他救助对象按不低于 50% 的比例救助。对住院治疗或门诊放化疗、透析、输血治疗的医疗费用经居民医保或合作医疗报销和城乡居民大病保险报销后属于医疗保险政策范围内的自付费用，救助对象中的城乡低保对象、农村牧区五保供养对象、城镇"三无"对象、城乡孤儿、城乡重度（一级、二级）残疾人员按不低于 70% 的比例救助，年救助封顶线不低于 10 万元；其他救助对象按不低于 50% 的比例救助，年救助封顶线不低于 5 万

元等。2016 年，全区受益重特大疾病患者达 23801 人次，其中住院救助为 21699 人次，门诊救助为 2102 人次。

从 2017 年开始，内蒙古自治区对患重特大疾病的患者采取按病种与按费用相结合的救助方式，建立健全分类分段的梯度救助模式。对重特大疾病患者住院治疗后，经基本医疗保险、大病保险、商业补充保险报销后个人负担的合规医疗费用，特困人员按照全额进行救助，低保对象和建档立卡贫困人口按照不低于 70% 的比例进行救助，低收入医疗救助对象和因病致贫医疗救助对象按照不低于 50% 的比例进行救助。重特大疾病医疗救助水平进一步提高。

7. 建立了城乡医疗救助"一站式"结算服务平台

"一站式"服务，是实现城乡医疗救助与城镇居民基本医疗保险和新型农村牧区合作医疗更好衔接的主要平台，是缓解贫困群众就医难、就医贵的重要途径。2012 年 5 月 22 日，内蒙古自治区民政厅发布了《关于建立城乡医疗救助"一站式"即时结算服务平台的通知》。为确保"一站式"服务顺利推进，自治区首批在包头市石拐区、赤峰市克什克腾旗和鄂尔多斯市准格尔旗先行试点，首批试点运行成熟后，其他试点地区开始运行，并逐步在全区全面推开。

从 2013 年开始，内蒙古自治区全面实施"一站式"即时结算服务。普通疾病门诊治疗由救助对象凭门诊医疗救助卡和基本医疗保险参合参保凭证在定点医疗机构直接享受救助。重特大疾病门诊放化疗、透析、输血治疗，需到户口所在地旗县（市、区）民政部门申报备案。医疗机构确诊需住院治疗的，实行先入院治疗后完善救助审批手续。救助对象凭住院治疗证明到旗县（市、区）民政部门申请住院医疗救助，民政部门应在现场审核确认并在住院治疗证明上签署意见和加盖公章；救助对象住院治疗完结后，凭民政部门出具的住院医疗通知单享受"一站式"医疗服务，缴纳个人应负担医疗费用后出院。医疗保险部门和民政部门承担的医疗保险和医疗救助费用，由定点医疗机构先期垫付并定期同相关部门结算。定点医疗机构要降低或取消救助对象住院治疗入院预缴费用，确保城乡困难群众能及时入院治疗。

（二）内蒙古自治区城乡医疗救助制度发展中存在的问题

1. 制度设计的依据不科学

医疗救助与医疗保险是两种不同的制度，在设计上不能把医疗保险的设计标准用到医疗救助上。医疗保险制度中设有起付线、封顶线和共付比的参数，是为了增强参保者的费用意识，尽可能减少道德风险的发生。但是，医疗救助制度本身是为了帮助缺乏资金的贫困人口获得必需的医疗卫生服务，强调政府责任，以贫困人口为保障对象，以维护社会公平和健康为目的，这点与医疗保险的特征有着本质区别。但是起付线、封顶线和共付比例等这些因素又极大地限制了这些弱势群体对医疗救助的充分利用。如果医疗救助制度照搬医疗保险制度的设计理念，实际上是限制了救助对象看病的可及性和可能性，因为这些贫困人口根本连起付线以内的医疗费用都支付不起。因此，在设计医疗救助方案时，照搬医疗保险的设计技术和思路是不合适的。

2. 医疗救助缺乏资金筹集渠道

现阶段，内蒙古自治区医疗救助资金主要来源于各级财政拨款和社会捐助，医疗救助资金来源渠道比较少。随着人口老龄化的加剧，医疗救助的需求也会不断增加，这也可能导致现有的医疗救助需求得不到满足。

3. 医疗救助对象缺乏广泛性

虽然内蒙古自治区城乡医疗救助范围在不断扩大，但从政策的实际执行来看，医疗救助的主要对象还是城乡低保、重度残疾等人群，对于参加城乡居民基本医疗保险制度的普通参保者、城镇职工基本医疗保险的参保职工来说，很少有享受到医疗救助待遇的。此外，医疗救助是针对本地户籍人口而言，因此，对跨区域流动人口来说，无法享受当地的医疗救助待遇。

4. 医疗救助标准较低，不能有效缓解贫困人口的经济负担

由于医疗救助制度有起付线、封顶线和共付比例的规定，所以导致救助对象所得到救助资金相对较少。如表 5-8 所示，2013 年人均资助参保费用为 49.8 元，到 2016 年也只有 82.5 元，说明参保参合的个人缴费部分还是主要由个人支付。另外，医疗救助资金中直接用于救助贫困患者住院和门诊的人均费用也较低。2013 年人均直接医疗救助费用为 1748.8 元，到 2016 年才 2087.2 元，对于重特大疾病的患者来说，不能从根本上有效解决其看病贵的问题。

表 5-8　2013~2016 年内蒙古自治区医疗救助资金资助参保及直接救助情况

年份	资助参保人数（万人）	资助参保支出（万元）	人均资助参保费用（元）	直接医疗救助人数（万人）	直接医疗救助支出（万元）	人均直接医疗救助费用（元）
2013	172.4	8588.7	49.8	29.7	51939.1	1748.8
2014	170	11236.8	66.1	30.2	56844.7	1882.3
2015	149.1	10730.9	72	27.9	62436.7	2237.9
2016	156	12869.4	82.5	32.1	66999.5	2087.2

数据来源：《中国民政统计年鉴》（2017），北京：中国统计出版社。

5. 重特大疾病医疗救助力度薄弱

对于患重大疾病的困难家庭来说，50%～65%的救助比例和年最高救助限额5万～10万元这样的政策看起来相当不错。但如果按此推算，困难家庭医疗费用开支若达到被救助金额封顶线，那么年最高自付比例也将达到10万元以上。这笔不小的开支对困难家庭来说将成为沉重的经济负担。医疗救助不仅要保障困难群体的健康权，也要防止困难家庭因病返贫，影响生活质量。因此，50%～65%的救助比例对于困难家庭来说属于偏低状态，容易导致医疗负担过于沉重。

6. 医疗救助重医轻防、重大病轻小病

内蒙古自治区医疗救助的大部分内容主要聚焦重大疾病而忽视了常见病、多发病的救助。通常情况下，重大疾病都是由于小病没有得到及时救助而蔓延发展成大病的，得不到及时救助使得原本贫困的情况更加严重。现阶段，内蒙古自治区城乡医疗救助制度对于弱势群体这方面的救助实施不到位。此外，医疗救助只重视疾病的治疗而忽视了疾病的预防。加强疾病的预防在一定程度上可以减少疾病的发生，从而节约医疗卫生资源。

7. 医疗救助部门间缺乏协调

目前，医疗救助的实施主体为民政部门，而参与部门包括卫生部门、社会保障部门、财政部门等。然而实际上，各部门之间协调不力、互联互通程度欠佳而造成救助不及时、救助效率低下等现象，为医疗卫生资源的合理配置和利用带来了现实挑战。

8. 医疗救助制度的宣传力度还需要加强

医疗救助制度是我国的一项重要政策，是国家对广大贫困人口最基本的医疗保障，需要广大贫困人群广泛了解，只有这样人们才能从医疗救助制度真正受益，而在现实生活中，很多人都不甚了解医疗救助制度，不清楚哪些人什么时候能享受医疗救助，因而该享受（即应该享受）制度的居民很难自主地去申请医疗救助，从而导致很多贫困居民没有享受医疗救助，医疗救助工作效率偏低，资金结余率相对较高。

（三）完善内蒙古自治区城乡医疗救助制度的政策建议

1. 拓宽筹资渠道，创新筹资机制

现阶段，医疗救助的主要资金仍来源于政府财政。随着医疗救助范围的不断扩大、功能不断完善、救助对象不断增多，仅靠财政支持已无法满足日益增长的救助需求，建立公平合理、可持续、多渠道的筹资机制至关重要。一方面需要稳定增加财政对医疗救助的投入力度；另一方面要积极动员广泛的社会力量参与到医疗救助事业中，通过合理利用医保基金以及福利彩票、慈善基金、商业保险和

社会捐助等形式丰富医疗救助资金。

2. 扩大救助范围，保障普惠民生

医疗救助制度作为普惠性的政策，是政府为满足社会中最需要救助的人的最基本的生活需求而设置的。建议政府逐步扩大医疗救助范围，充分利用基本医疗保险制度对人民群众的医疗保障作用，尽量将无力参加各统筹地区基本医疗保险的低保低收入对象纳入基本医保体系内，对无力缴费的人群实施资助参保，加大宣传，确保应保尽保。此外，建议考虑到有当地户籍直系亲属的非户籍常住居民的医疗救助需求，从家庭的角度切实保障困难家庭的医疗需求，解决陷入贫困的有本市户籍直系亲属的非户籍常住居民的医疗保障问题。

3. 重视健康教育服务，提升贫困者疾病预防能力

健康教育对于提升贫困者疾病预防能力具有重要作用。民政、人社、扶贫办等政府部门在进行医疗救助时应重视对贫困人群的健康教育，提升其健康意识，降低疾病发生率。国务院办公厅 2015 年公布的《关于进一步完善医疗救助制度全面开展重特大疾病医疗救助工作的意见》（国办发〔2015〕30 号）明确提出，民政、财政、人力资源和社会保障、卫生计生、保险监管等部门要加强协作配合，共同做好重特大疾病医疗救助与基本医疗保险、城乡居民大病保险、疾病应急救助、商业保险的有效衔接，确保城乡居民大病保险覆盖所有贫困重特大疾病患者，帮助所有符合条件的困难群众获得医疗救助服务，编密织牢保障基本民生的安全网。第一，通过引导合理膳食、戒烟限酒、适量运动、心理保健及充足睡眠，提高个人健康能力，帮助其改变生活方式和生活环境达到提升健康水平的目的。第二，对慢性病、地方病做好防治宣传工作，举办健康知识讲座或健康文艺演出。提高居民健康知识水平和技能，树立其健康意识，帮助其形成良好的卫生习惯和健康的生活方式，降低慢性病、地方病的发病率，指导其正确用药，减轻疾病带来的不利影响。第三，创新健康教育方式，采用理论讲座、案例分析、小组讨论、模拟演练、手机报和微信公众号等形式，提高健康知识在贫困人群中的知晓率。保障农村贫困群体平等获得医疗和公共卫生资源，提高农村贫困人口的身体素质，促进人力资本的积累，从根本上改变农村贫困居民的健康能力贫困的状况。

4. 调高困难家庭重大疾病临时医疗救助比例，拓宽报销范围

从减轻家庭医疗负担角度出发，适当提高救助比例的做法要比简单设定高额封顶线更具有合理性和可行性。困难家庭重大疾病的临时医疗救助比例可以从50% 调高到80%，这样可以有效保证困难群体的家庭负担不会过于沉重，能够维持基本生活。在医疗费用开支方面，可以适当扩大范围。由于重大疾病会使用到一些非医保用药，在救助总金额不变的情况下，非社保用药也可以适当纳入救助

范围。对于非社保用药的费用，有关部门应采取专家评估的方式，将其所开支项目交由医疗专家组评审，如果是非急需开支，应由其个人承担费用，不得接受救助。

5. 加强医疗救助诚信体系建设，提高救助效率

良好的诚信体系有利于净化社会氛围，把资金使用到真正急需救助的民众身上。加强诚信体系建设对于实现医疗救助的公平性具有重要意义。民政部门应该联合社保等部门尽快打造诚信机制，在资格身份、收入水平、家庭状况等方面加大审查力度，并建立黑名单制度。一旦在救助过程中发现有骗取救助金的行为，民政部门除责令其退还救助金外，还应将其纳入黑名单，取消救助资格，并追究其本人和相关人员的责任。

6. 加强部门之间的沟通合作，加大医疗救助的宣传力度

医疗救助工作涉及民政、财政、人力资源和社会保障、定点医疗机构等多个部门和机构，部门之间的沟通协作与信息互通是提高医疗救助工作效率、为贫弱人群提供高效便捷服务的关键，尤其以民政部门和卫生部门之间的沟通合作最为重要。另外，应立足基层政策宣传，通过宣传手册、宣传海报、社区（村民）政策解读和集中宣讲、定点医疗机构医务人员政策普及等形式，加大医疗救助的宣传力度，提高政策在群众中的知晓度，从而提高医疗救助资金的利用率。

7. 做好顶层设计，使医疗救助的政策目标转型

2016年6月，国家卫生计生委、国务院扶贫办等15个部门联合印发了《关于实施健康扶贫工程的指导意见》（国卫财务发〔2016〕26号），提出应采取有效措施，提高农村贫困人口医疗保障水平和贫困地区医疗卫生服务能力，全面提升农村贫困人口健康水平，为农村贫困人口迈入全面小康社会提供健康保障。贫困农民健康贫困及其治理日益受到重视，政府和相关机构逐渐意识到提高农民健康脱贫能力的重要性。同年10月，中共中央、国务院印发了《"健康中国2030"规划纲要》，其中明确提出，"突出解决好妇女儿童、老年人、残疾人、低收入人群等重点人群的健康问题"。贫困人群陷入健康贫困的概率最高，而作为托底的社会救助制度保障贫困人群的健康权是制度的应有之义。因此，做好顶层设计，将医疗救助政策目标转型为减轻医疗负担与提升健康脱贫能力并重，通过完备救助制度体系、完善公共卫生体系、加强健康宣传教育及鼓励社会力量参与搭建健康保障网等举措，使被救助者恢复和保持健康，彻底摆脱因病致贫、因病返贫的病贫恶性循环。提升健康水平并缩减人群间的差异是医疗救助政策的终极目标，也是如期实现国家全部脱贫的战略目标。

三、共享理念下内蒙古自治区教育救助机制的构建

《社会救助暂行办法》指出：教育救助制度是国家对接受义务教育、高中教育（含中等职业教育）、普通高等教育等各阶段教育的最低生活保障家庭成员和特困供养人员给予救助的制度，是社会救助制度体系的重要内容。教育具有非常重要的扶贫、脱贫功能，对于改变贫困家庭尤其是贫困家庭子女的困境具有现实而重要的作用。党的十九大报告提出了"优先发展教育事业""努力让每个孩子都能享有公平而有质量的教育"。近年来，教育救助作为内蒙古自治区实施的一项重要民生工程取得了显著的成效，实现了所有学段全覆盖、公办与民办全覆盖、家庭经济困难学生全覆盖，已经建立覆盖从学前教育到研究生教育的完整资助政策体系，保证了家庭经济困难学生上得起学，每一个贫困家庭子女都能接受公平的、有质量的教育。但由于经济落后、区域经济发展不平衡以及农村牧区居民的绝对贫困等现实问题，使内蒙古自治区教育救助工作的推进和完善仍然面临许多挑战。

（一）内蒙古自治区教育救助发展取得的成效

教育救助的发展过程，是一个国家责任不断强化、教育福利不断普惠的过程。经过40年的实践和发展，内蒙古自治区已初步构建起来了以"两免一补"①为经常性助学政策和以"奖、贷、助、减、免"形式为主全方位的教育救助制度。目前，内蒙古自治区学生救助政策体系实现了"三个全覆盖"，即所有学段全覆盖、公办与民办全覆盖、家庭经济困难学生全覆盖，对促进教育公平、教育脱贫起到积极作用。

1. 教育救助政策不断健全

目前，内蒙古自治区教育救助政策体系包括学前教育救助政策、义务教育学生救助政策、普通高中教育学生救助政策、中等职业教育学生救助政策、高等教育学生救助政策以及研究生救助政策等。

（1）义务教育阶段的义务教育助学金和"两免一补"救助政策。一是义务教育助学金。为了帮助贫困地区义务教育阶段的家庭能够负担得起相应的费用，国家教委和财政部在1997年颁发了《健全中小学生助学金制度的通知》，开始实行"助学金制度"。1997年10月设立了"国家贫困地区义务教育助学金"。从此内蒙古自治区大部分贫困地区的中小学生基本上都能够获得相应的助学金。二是

---

① 所谓"两免一补"，是指免杂费、免书本费、逐步补助寄宿生生活费。

"两免一补"。2004年，民政部、教育部对农村五保、城市"三无"未成年人实行普通中小学免费教育，对低保和农村特困家庭子女在义务教育阶段实行"两免一补"的教育救助政策。2008年，全国义务教育实行学杂费全免，只针对特殊群体的教育救助升级为义务教育阶段学生的普惠福利，并继续为家庭经济困难的寄宿生提供生活补助，对农村义务教育学生实施营养改善计划，对城市低保家庭学生免费提供教科书，对贫困寄宿学生补助生活费。2016年，内蒙古自治区将寄宿生住宿费补助政策扩大到城市义务教育学校，将国家提出的"两免一补"政策拓展为"两免两补"，对民族学校按照双语授课学生人数和年生均公用经费基准定额标准的10%增加公用经费补助。

（2）非义务教育阶段的以"奖、贷、助、减、免"形式为主的救助政策。对于非义务教育阶段的教育救助也就是学前教育、高中教育、普通本科高校、高等职业学校和中等职业学校家庭经济困难学生的救助。"十二五"期间，内蒙古自治区非义务教育阶段共落实各类资助资金183.1亿元，资助学生达723万人次。其中，2015年共落实资金46.08亿元，较2011年增长了73.3%；资助学生155万人次，较2011年增长了67.5%。

1）学前教育阶段：2010年，国务院颁布了《关于当前发展学前教育的若干意见》，建立了学前教育救助制度。内蒙古自治区通过"以奖代补"的形式奖补地方建立学前教育救助制度。2016年，自治区安排专项经费2000万元，专门用于奖补学前教育学生资助工作。

2）中等职业和高中教育阶段：面向高中生的教育救助政策包括："两免一补"政策和助学金政策。①"两免"政策是指从2011年春季学期开始，对中等职业学校学生和普通高中家庭经济困难学生以及普通高中蒙古语（朝鲜语）授课学生实施"两免"政策（免收学费并免费提供教科书）；"一补"政策是指对双语授课寄宿生补助生活费、中职寄宿生补助住宿费。2012年，内蒙古自治区就全面实现了高中阶段免费教育，在全国西部地区率先实现了12年免费教育，每年大约有70万名学生受益。②对普通高中家庭经济困难学生、中职全日制一二年级农村牧区户籍学生、旗县镇非农牧户口的学生以及城市家庭经济困难学生实施国家助学金政策。2015年，内蒙古自治区落实高中阶段学生救助金23.3亿元。

3）高等教育阶段：目前，内蒙古自治区形成了以国家奖学金、国家励志奖学金、国家助学金、国家助学贷款、师范生免费教育、勤工助学、学费减免等多种形式并存的高校家庭经济困难学生救助政策体系。

第一，高校新生一次性入学救助政策。对低保家庭子女、孤儿、建档立卡贫困家庭大学新生的救助包括以下内容：2014年，内蒙古自治区财政厅、教育厅、民政厅联合印发了《城乡低保家庭子女升入普通高校新生资助资金管理暂行办法》，对当年被录取到普通高等学校、具有内蒙古自治区户籍且录取时为城乡低保家庭的子女，录取到普通高校本科类的新生一次性资助4万元，录取到普通高校专科或高职高专类的新生一次性资助3万元，所需资金全部由自治区本级财政承担。2015年，进一步完善政策，将孤儿也纳入受助范围。2017年，将建档立卡家庭经济困难大学新生也纳入资助范围。对其他家庭经济困难学生的新生救助：各盟市自行制定对城乡其他家庭困难学生实施普通高校新生入学资助的具体政策，所需资金由盟市、旗县承担。例如，家庭经济困难新生可以在当地学生资助管理部门申请新生入学资助，支付入学报到交通费及入学后短期生活费，录取到区内院校的新生每人资助500元，录取到区外院校的新生每人资助1000元。

第二，在校大学生救助政策。首先，实施"绿色通道"。如果学生没来得及办理助学贷款，或没筹够上学费用，报到时可通过学校的"绿色通道"直接报到入学，缓交学费和住宿费。缓交的学费和住宿费可以通过申请国家助学贷款来解决。一些学校还会发放生活用品、学习用品等入学"大礼包"。其次，助学金、奖学金等政策。学生入学后，所在学校资助部门将立即开展家庭经济困难学生认定工作，并会根据核实后的情况，分别采取不同方式予以精准资助。如果生活费有问题还可申请国家助学金，标准平均为每人每年3000元，最高档为每人每年4000元。再次，国家奖学金、国家励志奖学金、学校和社会资助、退役士兵教育资助、基层就业学费补偿贷款代偿、应征入伍服义务兵役国家资助、直招士官国家资助等多种资助方式确保高校家庭经济困难学生顺利入学并完成学业。最后，国家开发银行生源地信用助学贷款。家庭经济困难新生可以向户籍所在地的县级学生资助管理部门提出申请办理国家开发银行生源地信用助学贷款，用于支付学费和住宿费。这是不需要担保或抵押的信用助学贷款，本专科学生每年最高可贷8000元，研究生最高可贷12000元。贷款学生在校期间的贷款利息全部由财政贴息，毕业后的利息由学生支付，并按约定偿还本金。

2. 教育救助方式不断多样化

教育救助主要针对贫困生本身，国家主要通过确立"奖、贷、助、补、减"这五个方面的救助体系来着力解决家庭贫困学生的学习、生活问题。教育救助根据不同教育阶段需求，采取减免相关费用、发放助学金、给予生活补助、安排勤工助学等方式实施，保障教育救助对象基本学习、生活需求。在非义务教育阶段，除了费用减免，还有国家助学贷款、学校提供的勤工俭学等救助内容，民政部门还有专门针对大学新生中的贫困生实施的福彩助学等。

3. 教育救助的资金不断增加

目前，内蒙古自治区已建立起从学前教育到高等教育的较为完善的学生资助政策体系。2015 年共落实学生资助金 57.16 亿元,救助人数为 155 万人次;2016 年共发放 50.05 亿元教育救助资金,救助人数为 445.39 万人次。其中,学前教育救助资金为 0.65 亿元;义务教育救助资金为 5.48 亿元,救助人数为 296.3 万人次;高中教育救助资金为 14.46 亿元,救助人数为 64 万人次;中等职业教育救助资金为 7.22 亿元,救助人数为 42.87 亿元;高等教育救助资金为 22.24 亿元,救助 42.22 万人次。教育救助中高等教育支出最大,近 50% 的教育救助资金用于高等教育①。

4. 教育救助的管理工作不断规范

(1)教育救助管理机构逐步健全。内蒙古自治区初步建立起了自治区、盟市、旗县(市、区)以及各级各类学校学生救助管理机构,统一更新配备了办公设备,各级学生救助管理中心标准化建设不断提高。

(2)教育救助法制化、规范化不断加强。目前,内蒙古自治区建立了自治区、盟市、旗县(市、区)三级管理责任体系。各级资助中心每年定期对本辖区各项学生资助工作的落实情况进行实地监督,严格做到守土有责、守土尽责,层层传导压力,夯实管理责任。为进一步规范资助管理程序,精准认定家庭经济困难学生,确保每一位符合条件的学生都能获得并享受到资助政策,内蒙古自治区对家庭经济困难学生的认定工作做出了明确的规定,进一步规范救助管理工作程序。重点解决轮流坐庄、平均救助等现象,确保救助对象、救助力度更加精准;合理确定了公示方式与内容,既要防止暗箱操作、人情救助等现象发生,又要保护受助学生尊严;明确奖助学金发放时限、标准与方式,重点解决了救助资金晚发、扣发、不按照规定方式发放等问题。

(二) 内蒙古自治区教育救助面临的困境

1. 教育救助资源缺乏

(1)教育救助资金规模偏小。救助资金是教育救助的保证。如表 5-9 所示,内蒙古自治区教育经费支出中相当于教育救助的部分仅仅包括对个人和家庭补助支出及助学金两部分,这两部分的占比之和不断提高,但占比较小,仅为 25% 左右。

表 5-9　内蒙古自治区教育经费支出

年份	教育总支出（千元）	对个人和家庭补助支出		助学金		教育救助支出/教育总支出（%）
		数额（千元）	占比（%）	数额（千元）	占比（%）	
2007	19574114	2985138	15.25	669697	3.42	18.67

---

① 数据来源:http://www.nmgcb.com.cn/jiaoyu/2016/1219/124375.html。

续表

年份	教育总支出（千元）	对个人和家庭补助支出		助学金		教育救助支出/教育总支出（%）
		数额（千元）	占比（%）	数额（千元）	占比（%）	
2008	25313701	4087079	16.15	1169939	4.62	20.77
2009	30955834	5250566	16.96	1545378	4.99	21.95
2010	40699627	6756593	16.60	1806608	4.44	21.04
2011	49435747	8602083	17.40	2430155	4.92	22.32
2012	55390338	10488385	18.94	2486848	4.49	23.43
2013	61204999	11503356	18.79	2713858	4.43	23.23
2014	62181254	12399112	19.94	3153212	5.07	25.01
2015	69526575	14244658	20.49	3785784	5.45	25.93

注：对个人和家庭补助支出反映政府对个人和家庭的补助支出。此处的教育救助支出包括：教育经费中对个人和家庭补助支出及助学金。

数据来源：《中国教育经费统计年鉴》（2008～2016），中国统计出版社。

（2）从目前教育救助财政支出责任来看，地方财政支出责任较大。内蒙古自治区的教育救助中，绝大多数教育救助的项目都是由内蒙古自治区地方财政承担支出责任，包括自治区本级、盟市、旗县政府财政，如表5-10所示。

表5-10　内蒙古自治区教育救助中央和地方支出责任划分

救助项目 ＼ 责任内容	中央财政	地方财政
免费教科书	国家规定课程小学一年级新生免费提供正版学生字典	地方课程地方承担
高中阶段"两免"	无	由自治区本级财政和各盟市、旗县财政分级承担，其中蒙古语授课"两免"资金全部由自治区本级财政承担
寄宿生住宿费补助	无	自治区寄宿生住宿费补助标准为每生每年小学100元、初中120元，所需资金由自治区本级财政承担
家庭经济困难寄宿生生活费补助	汉语授课寄宿生：50% 双语授课寄宿生：100%	汉语授课寄宿生：自治区20%＋盟市30%；双语授课寄宿生：无

责任内容 救助项目	中央财政	地方财政
当年被录取到普通高等学校、内蒙古自治区户籍、录取时为城乡低保家庭的子女	无	自治区本级财政承担
城乡其他家庭困难学生实施普通高校新生入学资助	无	由盟市、旗县承担
建档立卡家庭经济困难大学新生入学资助	无	自治区本级财政承担

资料来源：根据内蒙古各项教育救助管理办法整理得出。

2. 教育救助的对象认定存在误差

（1）地方政府对于教育救助对象认定的主观性。首先，内蒙古自治区没有一个统一而详细的教育救助对象界定标准，基于各盟市的经济发展水平不同，从自治区分得的贫困生数目也不相同，进而影响到各盟市贫困生的评判标准和补助力度。一些地方仅凭借个人感情或关系随意确定救助对象，导致"应救未救"等现象发生。其次，由于没有建立起救助对象信息公共平台，救助信息不能共享，也会导致对救助对象的认定不真实。

（2）学校对于教育救助对象认定的误差。由于大部分教育救助工作由学校来负责，因此学校也是贫困生的认定机关，这些必然给学校带来了任务和压力。一方面，学校负责助学工作的职能部门无法准确掌握贫困生的实际生活费支出和学生家庭实际经济情况。一个家庭的实际收入情况由于没有进行定量计算，误差出入会很大，家庭的实际经济情况能否承担起大学生的生活费用学校也不得而知，部分学生在填报家庭经济收入时尽可能少报，然后申请学费减免或资助，出现"骗助"的情况，导致部分真正贫困的学生利益受到损害。另一方面，学生之间的贫困差异也难以确定，仅凭学生上报的材料很难区分，部分学校领导照顾与自身有联系的学生，很难做到资金分配的公平。这样一来就造成非常不好的结果：一部分贫困生长期得不到救助而失学，另一部分贫困生却能够得到多次救助；相同等级的贫困得到的救助却不相同，或者不同级别的贫困生得到的救助与贫困的级别不一致。

3. 救助程序仍然存在不规范

（1）教育救助法规政策不健全。内蒙古自治区目前没有进行有效的、长期的规划，很多教育救助措施都是临时性的，没有固定的经济来源和救助程序。各地基本上都没出台与教育救助工作相对应的法律体系，同时其他与教育救助相关的体制机制明显缺乏，很难保证教育救助能够公开、公平、公正地开展。由于我国没有一部文件法规或政策对教育救助的对象加以明确和界定，导致各个学校负责教育救助的成员仅凭个人的主观印象和私人关系来确定教育救助的对象，导致一些真正的贫困生不能享受到救助，损害了贫困生的利益，不利于教育公平。

（2）教育救助职责分工不合理。目前，与教育救助工作相关的各个机构责任分工不明确，教育救助工作分散在各区县财政部门、教育部门和民政部门，没有专门人员从事教育救助管理工作，往往为了一个小小的数据跑好几个部门也难以落实。

4. 教育救助手段较单一

教育救助不能仅仅考虑对贫困学生提供经济方面的补助，还需要提高当地的师资水平、改善当地的教学环境、购买先进的教学仪器设备等。目前，内蒙古自治区教育救助的方式较单一，以经济资助为主，忽略了救助对象心理方面的援助以及教育师资、教育设施等方面的资助。教育救助的方式方法比较固定死板，在大部分地区、在大多数情况下对贫困生采取的都是经济方面的资助，对贫困生心理的疏导以及教育硬件设施、教育师资力量方面的帮助相对较少。

5. 教育救助的执行效果欠佳

由于受到各方面因素的影响，内蒙古自治区的教育救助政策执行的效果并没有达到预期，主要存在以下的现象：部分县市不经过允许擅自扩大救助范围，将"两免一补"资金进行分开使用，让不同的贫困学生分开享受"两免"和"一补"政策。虽然"两免一补"政策是国家重点照顾贫困家庭的优惠政策，在大部分地方得到了有效的贯彻和执行，但其执行的效果并没有达到预期，没有让百姓觉得得到了真正的实惠。部分贫困家庭的家长仍然难以负担孩子在教育方面的支出，因为这些孩子的生活费等其他费用也是一笔不小的开支。不仅如此，在很多地方仍然有部分贫困家庭学生无法享受到"两免一补"等其他补助资金的帮助，这些家庭和这些学生依然在急切地期盼得到国家和社会的帮助，这些都是政策执行不理想造成的结果。从内蒙古自治区高校各项资助政策的受益人数来看，国家奖学金获奖人数的比例占在校生的0.2%左右，国家励志奖学金的比例占在校生的3%，自治区实施的城乡低保家庭子女（含孤儿）升入普通高校新生入学资助项目的比例约占在校生的6.5%，三项加起来总共也不到10%，与我区高校28%的家庭经济困难学生数字相比，能够获得这些资助的人数还不足一半。

（三）完善内蒙古自治区教育救助的对策建议

教育救助制度就是一种蕴含共享精神的制度。教育救助制度通过富裕地区和群体的共享精神，使贫困生也能够享受到社会发展的成果和教育所带来的益处。

1. 拓宽教育救助融资渠道

（1）强化政府主体责任，加大政府教育投入。政府是实施教育救助的主导力量，政府应把贫困家庭的教育工作作为一项重要的民生工作来抓，高度重视贫困群体的教育救助问题，进一步强化政府职责。因此，站在政府的角度，应改革教育救助投资体制，加大财政投入力度，将教育救助资金纳入政府年度预算保障，设立专项资金，取消多头管理的模式，赋予教育行政部门教育救助专项资金管理的责任。

（2）适时开征教育税。把教育费附加上升至税收的层次，用以弥补政府预算内的教育救助经费不足，并减少教育经费被挪用、挤占的现象。

（3）发行教育彩票。借鉴国外广泛采用的方式，即通过政府发行教育彩票来筹集教育救助资金，国民购买彩票则被称为"微笑纳税"。也可以通过政府发行教育彩票募集资金，并将资金直接用于对弱势群体的教育支持。

（4）发展社会救助力量，鼓励多种形式的民间救助。政府应该出台相应政策措施（比如税收优惠等）来鼓励社会力量广泛参与教育救助活动。鼓励企业、社会建立民间助学基金，允许这些基金免费给贫困生提供无偿资助，允许他们把资助大学生完成高等教育当作一个投资机会，并可获得一定的回报。在政府相关机构的引导和广大媒体的关注下，积极呼吁社会高收入阶层对低收入阶层的帮扶，发扬互助精神，采取一加一帮扶等形式，主动参与到教育救助事业中去。应进一步通过"希望工程""烛光工程""春蕾计划"以及社会各界的助学活动，加大民间对教育救助的支持力度。

2. 精准确定教育救助对象

内蒙古自治区应该建立起系统的教育救助认定管理机构，并出台相应政策明确规定不同阶段教育救助对象的资格。在对贫困家庭及其上学子女的受救助资格认定之后，通过网络信息平台对教育救助对象实行动态跟踪，以确保教育救助资金不至沦为大锅饭，或被非救助对象平均分走。内蒙古自治区进一步加强完善家庭经济困难学生认定指导标准，各地区、各高校结合扶贫、民政等有关部门的数据，根据实际情况具体细化本地区、本学校家庭经济困难学生认定实施细则，确定资助档次。

3. 努力实现教育救助形式多样化

教育救助的形式有无条件的现金救助（包括对家庭和学生个人的现金救助）、附加条件的现金救助（包括以工代赈）、物资救助（包括免费食品、住宿）以及非现金救助。教育救助不是一种单纯的经济资助，应根据不同地区、不同的救助对象采取不同的救助形式。

（1）经济资助。经济资助是最基本的教育救助形式，通过经济资助能解决贫困生上得起学的问题。

（2）心理或思想救助。贫困学生容易产生自卑、敏感、焦虑忧郁、自我封闭等心理特征及一些问题行为，因此在实施经济资助的同时，应逐步建立和健全心理援助机制，通过多渠道对教育救助对象进行心理辅导，及时干预学生心理，纠正学生行为偏差，使学生上好学。重视对贫困生的思想扶贫工作，要对学生进行正确的引导，帮助学生分析困难、正确看待困难，使贫困家庭学生能够勇敢地面对困境，让学生感受到国家、社会和学校对其的照顾和重视，通过正面人物的例子帮助其树立积极向上、乐观进取的态度。与此同时，学校老师在平常的教学过程中要注意将知识与思想教育结合起来，以正确的世界观、人生观和价值观来引导学生的健康发展和成长。各级政府和学校要给贫困生传递感恩社会、回报社会的价值理念，引导贫困生对曾经帮助过他们成长的国家、社会、爱心人士、慈善社会团体心存感激，学业有成之后要报答社会。

（3）教育师资援助。一般情况下，教育救助地区的师资配置相对落后，各级教育部门应通过师资援助方式，帮助贫困地区提高教育教学水平。合理规划中小学、幼儿园布局结构，因地制宜增加学位供给，加快消除城镇学习型大班额，推进县域内城乡义务教育一体化改革发展，确保县域教育资源均衡。统筹配置城乡师资，加强"同频互动课堂"建设，进一步扩大农村牧区学校共享优质教育资源的覆盖面。全面落实集中连片特困地区乡村教师生活补贴政策，推进边远艰苦地区农村牧区学校教师周转宿舍建设，改善乡村教师工作和生活条件。

（4）教学设施援助。改善贫困地区办学条件，通过教学设施援助，改善教学硬件条件，为教育救助对象提供一个良好的教学环境。例如，对于学前教育而言，健全学前教育办园模式，在加快发展公办园的同时，积极探索公办民助、公建民营、公办民营等混合办园模式；大力发展农村牧区普惠性学前教育，采取政府购买服务等方式，鼓励普惠性民办幼儿园接受贫困家庭儿童；进一步做好农村牧区留守儿童教育和关爱工作，完善随迁子女就学、升学政策；建立健全特殊教育服务保障机制。

（5）技能救助。要增强贫困人口的就业能力，就应该发展贫困地区的职业教育。每个盟市至少要建设好一所具有一定规模、符合当地经济社会发展需要的中等职业学校，实现与产业的融合发展，培养更多用得好、留得住的职业技能人才。统筹协调自治区内重点中等职业学校、技工学校，选择就业好的专业，单列计划，招收建档立卡等贫困家庭子女，确保他们至少掌握一门实用技能。职业院校实施订单式、学徒制等校企联合培养的专业，优先招收建档立卡等贫困家庭子女。鼓励支持职业院校承担各种培训计划，面向未升学初高中毕业生、进城农民工、农村富余劳动力等群体，开展劳务输出、乡村旅游、生态治理、农林经济、节能环保等相关职业技能培训，实现脱贫举措与技能培训精准对接。

4. 教育救助管理工作逐步规范化

（1）构建合理的教育救助经办体制。当前内蒙古各个教育阶段的教育救助的经办主体是各个教育阶段的学校，即教育救助工作主要由学校负责实施，实施的最关键步骤无疑就是贫困生的评定，对于贫困生的评定学校会将权力进一步下放。具体而言，义务教育阶段和高中教育阶段贫困生的评定会最终落到班级，高等院校则由院系负责。因此，必须构建合理的教育救助经办体制。无论是在义务教育阶段的班级负责评定还是高等教育阶段的院系负责，首先都必须由学校按照国家教育救助主管部门的文件先行构建统一的校级实施办法；其次班级或者院系在此基础上结合自身实际情况成立由老师以及同学组成的联合评定委员会，评定委员会的同学必须是经过全体同学认可的人选；最后再由评定委员会负责具体的评选。此外，必须建立教育救助的公示制度和实名检举制度，在保障教育救助对象隐私的同时接受老师和同学的共同监督，让教育救助在阳光下运行，使教育救助制度真正惠及到每一位贫困生。

（2）强化教育救助资金管理。各地区要切实加强资金管理，对资助资金实行"专户管理，分账核算，封闭运行"，严格执行国家财经法规和相关管理办法的规定，确保资助资金及时发放、专款专用。各旗县（市、区）财政、教育、民政、扶贫等部门要切实加强对受助学生的审核、汇总和资助资金发放工作，确保每一个新考入普通高校的家庭经济困难学生及时得到资助。各级财政部门要及时下达资助资金，确保资助资金落实到位。各级审计部门要认真做好资助资金的专项审计和年度审计工作，监督资金落实情况。

（3）建立完善的教育救助反馈跟踪系统。内蒙古自治区由于地域辽阔、经济落后，贫困家庭和贫困学生多，因此其教育救助是一项巨大的民生工程。为了更好地对数以千万计的贫困学生进行教育救助，满足不同教育阶段学生的需求，让有限的资金惠及到有需要的学生身上，发挥资源的最大利益，内蒙古自治区应该建立和完善教育救助反馈跟踪机制，要充分采集贫困学生的家庭信息，建立数据库，并根据数据库的相关信息对学生进行不同级别的补助。

四、创新发展的内蒙古自治区自然灾害救助制度

自然灾害是指由于自然异常变化造成的人员伤亡、财产损失、社会失稳、资源破坏等现象或一系列事件。世界范围内重大的突发性自然灾害包括旱灾、洪涝、台风、风暴潮、冻害、雹灾、海啸、地震、火山、滑坡、泥石流、森林火

灾、农林病虫害等。人类对自然环境无节制的破坏以及气候的变化导致近年来重大的自然灾害频繁发生，严重影响了人民群众的生产、生活、经济及社会经营活动。所以，建立和完善自然灾害救助体系以期能最大限度地减少国家经济损失和民众的人身伤亡是全世界各国共同面对的一个科学命题。

自然灾害救助制度是社会救助体系中一项重要的组成部分，它是指公民因自然灾害造成生活困难时，由国家和社会提供必要的资金和物质，以维持其最低生活水平的社会救助项目。

内蒙古自治区地处中纬度温带地区，属于温带大陆性季风气候，地貌类型复杂多样，土壤中富含沙粒物质。这种气候、地貌及地质条件为各种灾害的形成提供了潜在条件，使内蒙古自治区成为自然灾害频发、灾害类型多样、农牧业灾情较为严重的地区。内蒙古自治区地处我国北部边疆，跨度大、面积广给灾害救助带来很大的难度，也对自然灾害救助能力提出了更高的要求。

（一）内蒙古自治区自然灾害救助现状

近年来，内蒙古自治区自然灾害发生频繁，且灾情较为严重，针对愈演愈烈的自然灾害，内蒙古自治区各级政府和社会各界对防灾减灾工作给予了高度重视。通过自治区各级政府和群众的共同努力，内蒙古自治区自然灾害救助工作已经取得了明显成效。

1. 内蒙古自治区自然灾害频发，救助需求较大

近年来，内蒙古自治区自然灾害频发，洪涝、风雹灾害、旱灾、低温冷冻和雪灾、生物灾害等各种自然灾害频繁发生，受灾农作物面积、死亡牲畜数量、受灾人口数量以及造成的直接经济损失都出现了上升趋势，频繁发生的各种自然灾害对农牧民生计产生了较为严重的影响，对民政系统的灾害救助能力提出了更高的要求。如表 5 - 11 所示，2012 ~ 2016 年，内蒙古自治区自然灾害导致的农作物受灾面积共计 12002.8 千公顷，农作物绝收面积共计 1732 千公顷，受灾人口达到 3059.6 万人次，死亡人数 200 人，造成的直接经济损失累计 688.1 亿元。从表中可以看出，因灾死亡或失踪人口数量在逐年减少，说明自然灾害救助能力逐渐得到提升、应急响应机制越来越完善。

表 5 - 11 2012 ~ 2016 年内蒙古自治区自然灾害损失情况

自然灾害损失情况＼年份	2012	2013	2014	2015	2016
农作物受灾（千公顷）	2060.7	1733.1	1878.3	2700.8	3629.9
农作物绝收（千公顷）	378.0	232.6	258.9	315.0	547.5

续表

自然灾害损失情况 \ 年份	2012	2013	2014	2015	2016
受灾人口（万人次）	668.9	565.6	644.5	584.4	596.2
死亡人口（含失踪）（人）	64	75	17	26	18
直接经济损失（亿元）	152.8	128.9	113.1	113.5	179.8

数据来源：《中国统计年鉴》（2017），国家统计局网站（http：//www. stats. gov. cn）。

2. 内蒙古自治区自然灾害救助支出较高

根据《内蒙古自治区民政事业统计表》，近年来内蒙古自治区自然灾害救助支出呈现周期性波动的态势，如图5－11所示。内蒙古自治区灾害救助支出以年度为周期，每一年度各月份的支出金额变化趋势基本一致，救助支出规模基本稳定在2亿元左右，如图5－12所示。2016年灾害救助月均支出金额为22710.58万元，比上年增加了3355.2万元，增长率为17.3%。这是因为2016年内蒙古自治区自然灾害频发，农作物受灾面积较大，受灾人口较多。

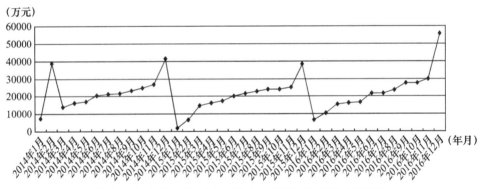

图5－11 2014～2016年内蒙古自治区灾害救助支出情况

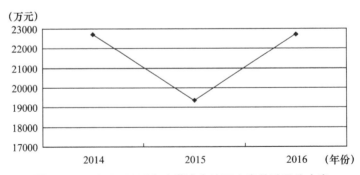

图5－12 2014～2016年内蒙古自治区灾害救助月均支出

3. 内蒙古自治区灾害救助能力有所提升

（1）灾害救助应急能力提升。"十二五"期间，根据灾情及时启动救灾应急响应，累计向各盟市下拨自然灾害生活补助资金 202970 万元，发放蒙古包、救灾帐篷、棉衣被等救灾物资用于受灾群众紧急转移安置、过渡期生活救助、倒损住房恢复重建，以及受灾群众冬春期间临时生活困难救助，共救助受灾群众 1353 万人次。

（2）灾害救助装备投入增加。全区 69 个旗县配备救灾应急专用车辆，为各盟市、多灾易灾地区及边境旗县配备了 81 部海事卫星电话，为自治区、盟市、旗县三级民政部门灾害管理人员配备了 204 部报灾专用手机，灾害应急救助能力得到进一步提升。

4. 内蒙古自治区救灾物资储备库建设初见成效

全区共投入 4.83 亿元用于救灾物资储备库项目建设，新建自治区级救灾物资储备库 3 个、盟市级 9 个、旗县级 78 个，初步建立了"自治区—盟市—旗县"三级救灾物资储备体系，形成了以区本级救灾物资储备库为中心，以自治区东、西救灾物资代储库为支撑，盟市、旗县救灾物资储备库为基础，苏木乡镇储备点为补充，辐射全区的救灾物资储备网络。一系列举措标志着内蒙古自治区救灾物资储备体系建设框架已经基本形成。

5. 内蒙古自治区灾害救助制度化建设逐步完善

近年来，内蒙古自治区先后制定出台了《关于推进防灾减灾救灾体制机制改革的实施意见》《内蒙古自治区自然灾害救助应急预案》《内蒙古自治区自然灾害生活救助资金管理暂行办法》《内蒙古自治区冬春受灾人员生活救助工作规程》等政策制度，防灾减灾救灾工作基本上实现了有法可依、依法管理。

在救灾管理方面，内蒙古自治区建立了党委政府统一领导、部门分工负责、灾害分级管理、属地管理为主的防灾减灾救灾领导体制。与此同时，应急响应和预警方面的工作也取得了显著的成效。内蒙古自治区逐步设立了自然灾害四级救灾应急响应机制，完善了主要由自治区减灾委员会成员单位参加的灾情会商和信息共享机制，建立了救灾预警、应急救助、过渡性救助、灾害损失评估、恢复重建相衔接的自然灾害救助制度，有效保障了受灾群众的基本生活。

（二）内蒙古自治区自然灾害救助制度存在的问题

1. 灾害救助支出仍需进一步增加

随着各级政府及相关部门对灾害救助重要性认识的不断加深，对灾害救助资金及物资的投入也呈逐年增加的趋势。但是，由于内蒙古自治区灾害救助工作起步较晚，与国内其他省份相比灾害救助投入资金基数较低。虽然近年来资金投入逐年增加，但是与所需救助资金规模相比较仍然存在一定的差距。另外，当灾害发生时多以临时救助和自救为主，救灾资金下拨速度较慢，救助资金难以满足灾区人民灾后重建需求，甚至有些重大灾害发生后救灾资金难以满足灾区人民基本生活需要。

2. 救灾资金监督管理有待加强

早在 2013 年，内蒙古自治区财政厅、民政厅共同印发了《内蒙古自治区自然灾害生活救助资金管理暂行办法》，并对救灾资金的拨付、使用管理进行了明确规定，但是在实际工作中仍然存在救灾资金管理程序复杂、监管不到位的问题。当灾害发生后，救灾资金难以快速、足额到位，影响了灾害救助系列工作的开展，也增加了次生灾害的发生概率。救灾资金管理缺乏有效的监督管理程序，资金下拨后缺乏跟踪管理，缺乏有效的评价管理程序，无法明确救灾资金的使用情况及救助效果。

3. 灾害救助能力有待进一步提高

（1）应急能力需要进一步提高。随着全球气候变化，自然灾害风险进一步加大，极端天气气候事件的时空分布、发生频率和强度出现新变化，干旱、洪涝、低温、冰雪、高温热浪、病虫害等灾害风险增加。防灾减灾任务日趋繁重，难度不断增大，救援任务繁重与应急救援能力较弱之间的矛盾愈加突出。所以，各级部门应该加快建立健全防灾减灾应急响应机制和应对突发重大自然灾害紧急救助体系及运行机制，规范紧急救助行为，进一步提升紧急救助能力，确保迅速、有序、高效地实施紧急救助，以保证最大限度地减少人民群众的生命和财产损失，维护灾区社会稳定。

（2）基础装备相对落后。近年来，内蒙古自治区在加大基础装备设施的投入方面取得了显著的成果。但是，与实际灾害救助需求相比，仍然存在应急装备缺乏、通信手段落后等问题。尤其是基层救灾装备以及通信手段严重落后，直接影响了灾害救助效果。另外，灾害救助体系中科学技术的贡献率偏低，在灾害监测、预警、评估等环节缺乏高新技术的应用，灾害救助效果不佳。

（3）储备物资投入不足。针对自然灾害频发的实际情况，内蒙古自治区加大了灾害救助物资储备。但是，物资储备总量较低、储备库分布不均、储备库布局不够合理、储备方式单一、品种不够丰富、管理手段比较落后、基层储备能力不足等问题仍然比较突出。

4. 信息网络及共享体系有待进一步健全

灾区社会经济背景信息是进行灾害救助的基础和依据，因此，建立健全各地尤其是灾害易发地区基础数据库是灾害救助的保障，并且基础数据库的共享是保证灾后救助高效、有序的前提条件。在进行灾害救助时需要进行高效的应急决策，而应急决策信息的有效沟通是提高应急救助效率的必要手段。目前，相关数据库缺乏统一的数据共享机制和数据共享平台。网络信息平台设备陈旧，多年来没有得到很好的维护和更新改造，整体技术水平落后，信息化水平低。

5. 自然灾害救助的法制建设有待进一步加强和完善

内蒙古自治区虽然已经出台了一些与灾害救助相关的政策和制度，如《内蒙古自治区自然灾害救助应急预案》《内蒙古自治区自然灾害生活救助资金管理暂行办法》《内蒙古自治区冬春受灾人员生活救助工作规程》等，但对于灾害救助缺乏统一的法律法规。每当灾难发生时，仅依靠行政命令、政策与文件，缺乏普遍约束力，使得救助程序不规范，救助工作具有很大的随意性与盲目性。现有的救助项目烦琐零乱，各项制度之间缺乏有效衔接。

（三）完善内蒙古自治区自然灾害救助制度的对策建议

1. 加强灾害救助能力

（1）加大灾害救助资金投入。加大对防灾救灾资金的投入，完善自治区、盟市、旗县（市、区）三级综合防灾减灾项目建设经费分级投入机制，加强防灾减灾资金管理和使用的规范化，建立健全救灾款物的管理、使用和监督机制。建立稳定、多元化的资金筹措机制，广泛动员社会力量，健全社会动员机制。完善灾害保险机制，充分发挥保险在防灾减灾工作中的经济补偿和转移分担功能。在盟市和旗县（市、区）所在地开展灾害避难场所建设、紧急疏散和临时安置的示范性避难场所、配置应急物资、设置应急逃生指示标识和应急广播设施、配备家庭防灾减灾器材和救生工具等方面投入资金。

（2）加强灾区恢复重建和灾后生活救助能力建设。按照分类指导的原则，将城乡居民因灾倒塌恢复重建纳入自治区新农村新牧区建设、扶贫开发、危房改造和保障性住房建设内容，积极探索和建立民房保险制度，实行倒房恢复重建项目管理，逐步提高倒房重建补助标准。提高受灾群众口粮补助标准。妥善安排受灾群众冬春期间的基本生活。

（3）加快救灾物资储备能力建设。从备灾、救灾的实际情况出发，立足当前，兼顾发展，统筹规划，建立和完善全区救灾物资储备体系，进一步加快自治区物资储备库的新建和改扩建工程，完成自治区本级国家级救灾物资储备库，盟市级、旗县级、多灾易灾和边境旗县的苏木乡镇救灾物资储备库（点）的新建、改扩建任务。

2. 建立健全应急联动系统

政府应统一领导，分级管理，条块结合、以块为主，部门密切配合、分工协作，各司其职、各尽其责。依靠群众，充分发挥基层群众自治组织和公益性社会团体的作用。在突发事件发生后，政府必须快速做出反应，按照应急处置模式，运用所有政府资源开展危机救治。建立联动机制，强化自治区减灾委员会的综合协调职能，健全自治区、盟市、旗县（市、区）三级综合减灾协调机制。建立各地区、各部门责任明确、分工负责、通力合作的防灾减灾工作制度，切实做到对灾害的快速、精准和高效的反应能力。建立健全自治区、盟市、旗县（市、区）三级联动、协同配合、科学高效、覆盖全面的灾害信息共享机制、灾害应急救助协同联动机制、救灾征用补偿机制，形成较为完善的综合防灾减灾体。

3. 建立并完善现代化信息网络系统

建立并完善现代化信息网络系统，建立网络共享平台，实现网络资源信息共享。将空间信息技术逐步引入灾害评估及救助，采用遥感、地理信息系统等技术方法进行灾害数值模拟及损失评估。建设海事卫星车载终端系统工程，加强自然灾害信息获取立体监测能力和防灾减灾救灾空间信息基础设施建设。为自治区减灾中心和 14 个盟市配备海事卫星车载终端系统，实现自治区减灾中心与各盟市灾害信息的可视化连接，确保在通信设施损毁的情况下，通过卫星传递灾害音视频信息，及时准确地为各级党政领导指挥决策提供依据和科技支撑。

4. 建立健全相关法律法规

全面推进综合防灾减灾法规、规程体系建设，出台救灾减灾领域的实施办法，形成与《自然灾害救助条例》相衔接配套的地方规章、工作规程等制度体系；完善自治区、盟市、旗县（市、区）三级自然灾害救助应急预案体系，不断提高应急预案的科学性和可行性。加强防灾减灾标准体系建设，加快推进灾害管理、救灾物资、救灾装备、灾害信息产品等标准的制修订工作，提高防灾减灾工作的规范化水平。

5. 打造科学化和专业化的灾害救助人才队伍

加强防灾减灾人才队伍培养和建设。健全防灾减灾人员教育培训体系，不断优化人才队伍的布局与结构。加强防灾减灾专业人员的教育和培训，提高防灾减灾工作者的整体素质和水平，提高灾害信息员等减灾救灾队伍的专业化水平。加强防灾减灾知识普及和意识提高，建立防灾减灾科普宣传教育机制，构建参与防灾减灾的文化氛围。建立健全志愿者队伍管理机制，全面提高志愿者的减灾技能和水平。充分发挥解放军、武警、公安消防部队、民兵预备役在灾害应急救援中的骨干作用。

第 六 章

内蒙古自治区养老服务发展报告

       内蒙古自治区由蒙、汉、满、回、达斡尔、鄂温克、鄂伦春、朝鲜等55个民族组成。2016年，自治区常住人口为2520.1万人，比上年增加9.1万人。其中，城镇人口为1542.1万人，乡村人口为978.0万人；城镇化率达61.2%，比上年提高了0.9个百分点。男性人口为1302.5万人，女性人口为1217.6万人。全年出生人口为22.7万人，出生率为9.0‰；死亡人口为14.3万人，死亡率为5.7‰；人口自然增长率为3.3%。2016年，内蒙古自治区共有60岁以上老年人473.3万人，占全区总人口的17.6%。其中，80岁以上老年人80.7万人，占老年人口的18.5%，而且60岁以上老年人口每年以20万左右的速度增加。老年人口比例高、未富先老、空巢化的特征日益明显，并且以血缘关系为依托的传统家庭养老供给模式功能日益弱化。因此，加快发展养老服务，增加养老服务供给，提高养老服务供给质量已成为内蒙古自治区社会经济发展不容回避的现实问题。基于此，自治区从政策供给侧视角出台了一系列有关养老服务的政策，完善了养老服务体系。

一、供给侧视角下内蒙古自治区养老服务发展态势

为积极应对人口老龄化、高龄化加剧的现象，内蒙古自治区各级政府应高度重视养老服务业的发展，结合自治区实际，在发挥政府主导作用的同时，培育多元化市场主体，以政策创制为先导，以项目建设为基础，实施精细化管理手段，加快推进传统养老模式的转型，优化养老服务体系，发展健康的养老事业，不断满足人民群众日益增长的社会福利新需求，推动民族地区经济、社会的和谐稳定和发展。

（一）养老服务政策供给增量变化

党的十八大以来，自治区政府高度重视养老服务工作，先后制定出台了《关于加快发展养老服务业的实施意见》《关于推进农村牧区互助养老幸福院建设的意见》《关于印发自治区加快服务业发展若干政策规定的通知》《关于促进健康服务业发展的实施意见》《关于印发居家养老服务管理办法的通知》《关于加快发展养老服务业的实施意见》《内蒙古自治区养老服务机构等级评定办法（试行)》《关于明确我区养老机构水暖电气价格政策的通知》《内蒙古自治区养老服务机构等级评定办法》《关于开展公办养老机构改革试点工作的通知》《内蒙古自治区养老机构设立许可与管理办法》《内蒙古自治区社区老年人日间照料中心运行管理办法》《内蒙古自治区养老机构设立许可与管理办法》《关于资助社会办养老机构一次性建设补贴和床位运营补贴的通知》《内蒙古自治区"十三五"时期养老服务体系建设规划》等一系列养老工作指导性文件，为自治区养老服务业发展提供了强有力的政策保障。同时，不断加大力度落实养老优惠政策，织牢民生保障网。2016年，自治区本级福彩公益金中用于社会养老服务体系建设的资金达2.62亿元，3512万元中央福利彩票公益金也下拨至各盟市。此外，还大力扶持社会办养老机构的发展，2016年投入4583万元用于社会办养老机构床位运营补贴、一次性建设补贴和等级评定补贴，惠及老年人达5万余人。一系列规章制度与资金投入的增加，说明自治区从顶层设计上进一步健全完善了养老服务发展的制度框架，使常规工作在改革中提升，使重点、难点工作在创新中突破，农村牧区养老、社区建设等方面的工作走在全国前列。

（二）养老服务供给存量变化

在自治区党委政府的正确领导下，自治区养老服务体系建设不断加强，各级政府投入不断加大，养老服务供给能力进一步增强。

如表 6 – 1 所示，2014 年，内蒙古自治区已有各类养老机构 2252 所，每千名老人拥有床位数近 54 张。其中，公办社会福利机构和老年养护院有 164 所，床位数达 2.67 万张；社区老年人日间照料中心有 629 所，床位数达 9435 张；农村牧区互助养老幸福院有 769 所，床位数达 8.5 万张；农村敬老院有 398 所，床位数达 4.44 万张；民办养老机构有 258 家，床位数达 3.7 万张。2014 年，自治区初步形成了以居家养老为基础、社区养老为依托、机构养老为支撑的养老服务体系。

2015 年，各类养老机构有 2421 所，总床位数达 22.2 万张，每千名老人拥有床位数达 58 张，高于全国 28 张的平均水平。11 个盟市和 39 个旗县（市、区）相继建成了"12349"便民为老服务中心，以居家养老为基础、社区养老为依托、机构养老为支撑的覆盖城乡的多样化养老服务体系得到强化。自治区 70.2% 的老年人通过养老服务功能延伸到家庭实现居家养老，12% 的老年人通过社区养老服务功能实现社区养老，4.2% 的老年人通过入住各类养老服务机构实现机构养老。2015 年，在社会福利事业方面，收养性单位达 573 个，其中，城市养老服务机构有 272 个，农村养老服务机构有 301 个；收养性单位床位数共计 70186 张，其中，城市养老服务机构拥有床位 40452 张，农村养老服务机构有 29734 张；收养人数为 37305 人，其中，城市养老服务机构收养 21759 人，农村养老服务机构收养 15546 人；共建成农村幸福院 821 所，床位 9.6 万张，与 2014 年底相比，新增幸福院 52 所，新增床位 1.1 万张。

如表 6 – 1 所示，2016 年，各类养老机构有 2979 所，养老床位数达到 24.2 万张，每千名老年人拥有养老床位数达 59 张。其中，公办社会福利机构和老年养护院有 146 所，床位数达 2.26 万张；社区老年人日间照料中心有 750 所，床位数达 10084 张；农村牧区互助养老幸福院有 1331 所，床位数达 11.6 万张；农村敬老院有 394 所，床位达 4.7 万张；光荣院有 34 所，床位达 2291 张；民办养老机构有 324 所，床位数达 4.4 万张。护理及医养结合床位数达 6.9 万张，占养老机构床位总数的 29%。各类社会福利院床位 1.8 万张，各类福利院收养人数 1.4 万人。2016 年，筹集社会福利资金 16.2 亿元，销售社会福利彩票 58.0 亿元，分别增长 2.5% 和 8.2%；接受社会捐赠 306.7 万元。

表 6 – 1　2013 ~ 2016 年内蒙古自治区养老机构与床位、日间照料中心情况

年份	养老机构（所）	养老床位（万张）	社区日间照料中心（所）
2013	1856	20.5	614
2014	2252	20.5	629
2015	2421	22.2	629
2016	2979	24.2	750

数据来源：根据《中国民政统计年鉴》（2016）与内蒙古自治区民政工作报告中的相关数据整理得出。

二、供给侧视角下内蒙古自治区养老服务面临的困境

近几年，养老服务供给在增量和存量上取得了一定的成绩，但总的来看，养老服务质量建设与形势发展的要求还有很大差距，同老年人过上幸福晚年生活的期盼还有较大差距。

（一）养老功能不全

大部分养老机构环境设施比较简单，配套设施不齐全，养老服务功能单一，只着重老年人日常食宿，其他的医疗护理、心理慰藉、文体娱乐等十分欠缺，从而导致养老机构的社会吸引力不够。例如，现在的公办社会福利中心以服务传统的社会救助对象为主，主要供养"五保""三无"老人，占总服务人数的60%左右，另有一部分为重度残疾人托养，社会老人数量较少。机构一般只配置简单的医疗服务室，但功能十分有限，娱乐活动仅限于棋牌和电视。在院的老年人生活单调，生活需求得不到进一步满足。

（二）人员配置不足

养老机构服务人员配置严重不足，公办养老机构和一些民办机构从管理到服务人员，普遍年龄偏大、文化程度低、专业素养不足，并且工资待遇低等因素还导致用工难、稳定性差，影响了服务质量的提高。护理人员少，没有一支专业化的护理员队伍，护理人员上岗前没有岗前培训，很多是临时院外叫的护工。全区小型化、家庭式的养老院比较多，管理人员大多没有经过正规的培训，管理能力和水平不高，专业护理人员不到50%。

（三）运营机制不健全

养老机构的运营水平上不去，主要原因是机构的管理和服务理念陈旧，思维局限于让老人吃饱穿暖，不思改革，缺乏自我提升。公办机构一味地依托政府财政补贴，没有积极拓展自我增收途径，运作资金严重不足，管理岗位变成政府安置退休人员的场所，老人供养水平和人员工资水平低下。民办机构盈利率低，盈利转化过程缓慢，由于成本问题故在提升服务质量上缺乏积极性。

养老机构投资回报周期长、利润率低，许多养老院通过简化服务程序、降低服务品质和减少员工工资来维持运营。多数养老院内部质量管理体系尚未建立，标准化、规范化程度低，许多养老院管理靠经验不靠制度，比较粗放，老年人滑倒、摔伤和意外伤害等现象时有发生。

养老机构消防达标率低。多数公办福利院、敬老院由于建设年代久、设施陈旧，存在房屋无产权证、消防设备短缺等问题。社会办养老院消防设备不完善。全区有 48 所社会办养老院因消防不达标停业整顿，10 所社会办养老院被注销养老机构设立许可证。

（四）政府投入较少

长期以来，各级政府和社会工作部门对于养老服务体系建设的重视程度不够，各级政府还没有建立起居家养老服务的公共财政政策，政府相应承担公共服务的角色还未能准确到位，享受政府服务补贴的老年人数量较少，覆盖面窄，补贴标准偏低，在社区基础设施建设、社区服务项目以及养老服务人员的费用等方面投入很少，这在很大程度上影响了养老服务的质量。

（五）民办养老机构的优惠政策缺乏

在取得土地方面，国家严控地根及倡导集约发展，养老机构取得建设用地的难度加大。同时，建设用地只能以商业用地的方式获得，使得民营资本的进入缺少合理的利润空间。

三、新时代内蒙古自治区养老服务发展的供给侧建议

美国医疗机构评审联合委员会（JACHO）对于质量的定义是"借由质量监管，尽可能地提高个体服务质量，从而减少不良结果"，质量监管是以系统的方向监测服务过程，并评价个体服务结果。由于老年人逐步衰弱与衰老所产生的特殊身心状态，加上传统养老观念的束缚，入住养老机构的老年人既要接受并适应身体的变化，还要接受生活状态、人际关系等的变化。从这个角度来说，为老年群体服务，必须具备更为人性化、弹性化的理念，质量内涵也更强调以老年人为中心。质量监管与评价的主要目的在于改善个体照护质量。对于养老机构而言，改善个体照护质量指的是老年人或家属能恰当地使用养老服务，包括医疗、护理、康复、营养、社会资源等。对于养老机构而言，为了达到个体服务质量的改进，必须以老年人需求为导向。

（一）健全养老服务供给体系

1. 推进社区居家养老服务

加快构建多层次养老服务体系，强化社区居家养老服务设施支撑功能，提高社区居家养老服务机构服务能力，积极开展智慧养老服务和互助养老服务，为有

需求的城乡老人提供便利的社区居家养老服务。

一是统筹规划发展社区养老服务设施，加强社区服务设施建设。推动老年人日间照料中心、托老所、老年人活动中心、互助式养老服务中心等社区养老设施中配备增设医疗床、护理床、护理设备、康复性活动器材以及文娱活动类设备等。支持各地综合发挥多种设施作用，依托社区服务的新型居家养老模式，提高社区居家养老服务能力和服务质量。到 2020 年，城市社区养老服务设施覆盖率达到90%以上，农村牧区养老服务设施覆盖率达到60%以上。

二是通过政府购买社会养老服务，大力培育各类社区养老服务组织。支持各类企业、社会组织和个人从事居家和社区养老服务。将志愿者服务引入养老服务，建立社会普通志愿者和专业志愿者相结合的志愿者服务队伍，开展养老志愿服务活动，建立志愿者服务激励机制。统筹社区范围内的各类养老服务机构、医疗卫生服务机构、社会工作服务机构、志愿服务组织和服务性企业，打造一刻钟养老服务圈。

三是推进"12349"便民为老服务中心建设，依托信息化手段，化解资金、人手有限的矛盾，提升服务水平、深化服务内涵、扩大服务范围，实现线上线下互融互通，打造"不关门"的民政服务窗口。到 2020 年，全区"12349"便民为老服务中心养老服务覆盖率达到80%以上。

四是推进农村牧区互助幸福院和养老服务中心建设，坚持互帮互助方式运作，为农村牧区老人提供综合性日间照料服务。积极动员社会力量参与，提高农村牧区幸福院可持续发展能力。鼓励城市社区老人组织参加各类志愿服务组织、社区互助组、邻里互助组，开展自助互助养老活动。

2. 推进养老服务机构建设

全面放开养老服务市场，深化公办养老机构改革，积极支持社会力量举办养老机构，重点扶持医养结合型养老机构和养护型、医护型养老床位，大幅提高服务有效的供给能力。

一是充分发挥公办养老机构的托底作用，重点为城乡特困老人、低保家庭老人、低保边缘家庭老人和经济困难的失能半失能老人提供无偿或低收费的供养、护理服务。全面推进实施公建民营、民办公助、政府购买服务等养老服务改革，支持民间资本通过委托管理等方式，运营公有产权的养老服务设施。积极稳妥地推进以经营性服务为主的公办养老机构转企改制，完善法人治理结构。

二是通过补助投资、贷款贴息、床位运营补贴、购买服务等方式，支持社会力量举办养老服务机构，重点鼓励社会力量投资兴办面向失能、失智、高龄老人的医养结合型养老机构和养护型、医护型养老床位。落实好社会办养老机构在资本金、场地、人员、税费、土地等方面的优惠政策。鼓励民间资本对企业厂房、商业设施及其他可利用的社会资源进行整合和改造，用于养老服务。

三是改革财政对养老服务的投入模式。把老龄事业、老龄产业发展列为重大民生工程，纳入公共财政预算，加大投入力度，确保老龄事业经费逐年增长。加大对社会福利机构的投入，拓宽资金渠道，积极争取财政资金、慈善资金、捐赠资金、福利彩票公益金等资金投入。

自治区政府应当有效地发挥扶持和引导作用，政府要形成制度化的公共财政资金投入机制，保证投入的经费与经济增长及老龄化发展速度之间保持合理的比例关系。同时，要完善资金管理办法，提高资金的利用效率。将专项的老年卫生资金纳入中央财政预算，逐步建立稳定的专项老年卫生资金投入机制。专项的老年卫生资金可以有两个用途：政府的补贴为老年人提供免费的养老护理服务；为国民购买养老护理保险。这两种用途可以单独使用，也可以"双管齐下"、综合利用。建立养老服务工作专项经费。老龄事业经费列入内蒙古自治区财政预算。逐步形成与经济社会发展水平和老年人口发展规模相一致的老龄事业投入增长机制。同时加大各级彩票公益金用于发展老龄事业的比例。

3. 推进养老服务与医疗卫生相结合

统筹医疗卫生与养老服务资源布局，重点加强老年病医院、康复医院、护理院、临终关怀机构建设。鼓励养老机构与周边的医疗卫生机构开展多种形式的协议合作。支持养老机构开展医疗服务，符合条件的可按规定与城乡基本医疗保险经办机构签订基本医疗保险定点服务协议。鼓励医疗机构将护理服务延伸至家庭、城乡社区和养老机构。实施养老服务信息惠民和养老机构远程医疗等试点项目。

推进智慧医养护一体化发展过程中应细化医养结合养老政策。2016年，自治区出台了《关于加强推进医疗卫生与养老服务相结合的实施意见》，对开展医养结合作出了制度性的安排，但针对老年人常见病、慢性病等长期需要以养为主、以医为辅的治疗，一些诸如针灸、按摩、心理疏导、精神慰藉等辅助治疗，在医养结合中缺少相关的实施细则。养老机构除缺乏专业人员外，更缺乏与医疗机构之间的协作，无法纳入医保报销，虽然部分老年机构已经开展医养结合试点，但仍然存在医务人员派驻、设备投入、收费报销等诸多困难。为了让老年人享受居家养老服务和便捷的医疗服务，使社区居民能够在居住地就近享受医疗、康复、健康体检、养老等各项医养服务，提升老年人健康养老服务水平，建议从国家层面就医疗保险向养老机构倾斜作出制度性设计。

探索老年人长期护理制度。鼓励、引导商业保险公司开展长期护理保险业务。老年护理保险又称老年人长期照护（护理）险，是国际上通行的一种养老保障方式。被保险人从年轻时开始缴纳，在年老生病后，由护理保险来支付长期专业护理所需的高额费用。在老年护理保险发展较成熟的国家，人们一般从40

岁左右就开始缴纳保险，为年老后的基本生存质量购买一个保障。

4. 完善老龄服务补贴制度和评估制度

首先建立资质评估体系。对申请享受政府购买服务补贴的老年人进行资格评估，并实行动态管理；建立对享受政府扶持的居家养老服务机构的资格评估机制，对居家养老服务机构评估和监管。其次要建立对低收入老年人服务需求的评估机制，即对符合条件的低收入老年人，根据其家庭情况、身体状况以及个人心理需求进行评估。最后要建立老龄服务补贴制度，即根据对老年人需求的评估结果，对其进行分类、分级、分流，由政府通过差额补贴，满足老年人不同类型和层次的需求。

5. 探索建立养老机构保险制度

为了降低养老机构经营风险，更好地保障在院老年人生活，积极探索建立为养老机构内老年人购买意外伤害保险的制度。借鉴外省市的先进做法（采取自治区、盟市、养老机构以及老年人本人，按照 5∶2∶2∶1 的比例缴纳保险费）。建立居家失能困难老年人护理补贴制度。居家养老护理补贴以居家养老服务代金券的形式支付补贴对象，根据老年人护理服务方面的需求，重点开展生活照料、康复、护理等服务，包括助穿衣、助清洁、助洗浴、助进食、助排便、助肢体康复等。服务单位要制定服务菜单，方便老年人选择。

（二）规范养老服务供给的管理系统

自治区 60 周岁以上的老年人口逐年增加，失能、部分失能老年人也在不断增加。人口老龄化不断加剧，养老服务需求快速增长，养老机构成为老年人社会化养老的重要方式。因此，提高养老院服务质量，关系到老年人口，特别是失能半失能老年人的晚年幸福，也关系到他们子女的工作生活，是涉及人民生活质量的大事。为全面保证养老服务的质量，必须加强养老人员的准入制度、服务机构的审查制度、服务质量的监察制度。

1. 实施公建民营改制

要转变传统观念，在现有体制内的经营管理模式无法进一步有效改变和提升服务质量的时候，就要想方设法建立新的经营管理机制，因此建议推行养老机构改制，把机构交给社会力量经营管理，既要保障政府兜底功能，又要让市场督促服务，以提高养老机构的运行活力。相关部门要加强协调合作，在解决公建民营养老机构的设立许可、贷款融资、人才培养、补贴奖励等方面出台意见，完善配套政策，让扶持鼓励政策得到落实，增加吸引力。同时，政府也要明确风险防范措施，对民营机构的合同履行情况、入住老人权益落实、安全管理情况、价格定位、服务内容和服务质量等进行监管和评估，不能把公建民营变成政府甩包袱和企业片面逐利的手段。

自治区加快发展民办养老机构，要充分发挥市场配置资源的基础性作用。在政府引导、组织和资助下，鼓励越来越多的民间资本涌向养老服务领域，形成多种所有制成分、多方面社会力量参与兴办养老机构的局面。

2. 完善设施和服务功能

依托自治区养老机构数据直报系统和民政福利机构管理系统，实时监控养老院服务质量动态，加强养老服务机构运营管理及服务质量大数据管理。

机构的硬件条件和服务质量是老年人最主要考虑的因素，因此，要加大资金投入，完善养老机构各类服务设施设备，强化养老机构布局和设施的合理性，使之更加符合现代老年人的生活需求。突出康复护理功能，已有的机构有条件的要往医养结合方向转型升级，新建的机构要以护理型、复合型为主。

3. 坚持以需求为导向的服务理念，加强养老服务护理人员培养

要加强服务队伍建设，加大人才培养和引进力度，出台人才激励政策，落实人才奖补办法，把优秀专业的管理人员和护理人员留在养老服务行业。坚持以人为本、以需求为导向的服务理念，加强养老服务护理人员培养，提高其专业技能和职业道德，完善职业技能等级与护理人员薪酬待遇挂钩机制，建立自治区、盟市、旗县（市、区）分级培训体系。积极开展基层民政部门业务干部、养老院院长、养老院护理员专题培训班，贯彻落实国家和自治区关于提高养老院服务质量规范及相关要求。支持养老服务机构引入医生、护士、社会工作者等专业人员，支持养老服务机构不断提高持有国家养老护理员职业证书的养老护理员比例。

4. 执行统一的行业服务标准

自治区虽已出台了《养老机构服务与管理规范》，但涉及内容不完备，一些标准不够具体、细化，更重要的是对标准的执行落实上缺乏抓手。因此，要建立统一的养老机构信息管理平台和执行统一的养老行业服务标准，为提升服务质量制定参照标准，让养老机构在服务项目、服务水平上有标准可依；同时注重对机构的质量评价和考核，强化考核结果的运用。只有标准能够得到严格的贯彻执行，才能推动养老机构在服务水平、服务质量上的整体提升与进步。

5. 加强监督，提高养老服务质量

加强监督是提高养老服务质量的保证。加强监督的过程中，要发挥服务对象的监督作用。老年人既是养老服务机构的服务对象，也是提高服务质量的重要参与者、监督者，养老服务质量如何首先要广泛听取老年人的意见。养老机构要成立民主监督管理委员会，要建立老年人意见征集、投诉反馈机制，让老年人参与养老机构民主管理和民主监督的全过程。老年人满意程度、获得感如何，是衡量养老服务机构质量的最主要标准。

第 七 章

内蒙古自治区就业发展报告

就业是国民经济发展的重要助推器，也是居民生活水平提高的根本基础。近年来，内蒙古自治区全面贯彻党的十九大精神，深入贯彻习近平新时代中国特色社会主义思想，认真落实党中央、国务院关于实施就业优先战略和积极就业政策，坚持劳动者自主择业、市场调节就业、政府促进就业和鼓励创业的方针，强化各类政策协同机制，优化社会资本带动机制，完善就业创业服务机制，健全劳动关系协调机制，构建就业形势综合监测机制，不断扩大就业规模、优化就业结构，实现更高质量和更充分就业，为自治区经济社会发展提供强有力的支撑。

2016 年末，内蒙古自治区城镇新增就业 26.84 万人，完成年度计划的 103%；5.83 万失业人员实现再就业，完成年度计划的 117%；城镇登记失业率为 3.65%，低于年初确定的控制目标 0.35 个百分点。在推进困难群体援助工作方面，内蒙古自治区通过各种就业渠道援助就业困难人员达 6.03 万人，经申报认定的零就业家庭有 415 户，帮助其中的 421 人实现就业，实现零就业家庭"动态清零"的目标。在提高劳动者就业能力方面，内蒙古自治区城镇技能培训 14.2 万人，培训后实现就业 12.7 万人；农牧民转移技能培训 13.49 万人；家庭服务企业从业人员培训 3.16 万人。在强化创业扶持方面，内蒙古自治区创业培训 5.43 万人，培训后创业成功 4.53 万人，创业带动就业 15.69 万人；内蒙古自治区累计发放创业担保贷款达 23.44 亿元。在促进农牧民转移就业方面，内蒙古自治区农牧民转移就业有 256.95 万人，其中转移 6 个月以上为 210.92 万人。本章主要从内蒙古自治区的就业规模、就业结构和就业服务三方面来分析内蒙古自治区的就业现状、问题，进而提出内蒙古自治区就业发展机制的优化路径。

一、内蒙古自治区就业发展形势

(一) 就业规模

近年来，内蒙古自治区的就业人数不断增加，但是仍然面临着严重的就业压力。如表7-1所示，2006~2015年，内蒙古自治区人口和就业人数总体呈上升趋势。其中，全区人口总数趋于稳定，上升幅度较小，平均增长率为0.44%；就业人数从2006年的1051.2万人增长到2015年的1498.8万人，增加了447.6万人，平均增长率为4.73%。2006~2015年，内蒙古自治区的就业参与率逐年上升，增长了16.16个百分点，说明就业人数占总人口的比重不断增加。内蒙古自治区的就业人数逐年增加，表明了近年来内蒙古自治区通过贯彻实施加大就业投入、开发就业岗位、加强职业培训和完善就业服务等一系列积极的就业政策，就业发展取得了良好的成效。

表7-1 2006~2015年内蒙古自治区人口、就业与失业情况

年份	人口		就业人数		城镇登记失业人数		就业参与率 (%)
	总数 (万人)	增长率 (%)	总数 (万人)	增长率 (%)	总数 (万人)	增长率 (%)	
2006	2415.1	——	1051.2	——	18	——	43.53
2007	2428.8	0.57	1081.5	2.88	18.5	2.78	44.53
2008	2444.3	0.64	1103.3	2.02	19.9	7.57	45.14
2009	2458.2	0.57	1142.5	3.55	20.1	1.01	46.48
2010	2472.2	0.57	1184.7	3.69	20.8	3.48	47.92
2011	2481.7	0.38	1249.3	5.45	21.8	4.81	50.34
2012	2489.9	0.33	1304.9	4.45	23.1	5.96	52.41
2013	2497.6	0.31	1408.2	7.92	23.8	3.03	56.38
2014	2504.8	0.29	1485.4	5.48	24.8	4.20	59.30
2015	2511	0.25	1498.8	0.90	25.9	4.44	59.69

注：就业参与率=就业人数/人口总数×100%。

数据来源：根据《内蒙古统计年鉴》(2016)整理所得。

与此同时，城镇登记失业人数也在逐年递增。2015年，内蒙古自治区城镇登记失业人数为25.9万人，比2006年增加了7.9万人，平均增长率为4.88%。由此可以看出，内蒙古自治区城镇登记失业人数的平均增长率高于就业人数的平

均增长率0.15个百分点，其中城镇登记失业人数中并未包括城镇未登记失业人员、农村失业人员和隐性失业人员。这说明内蒙古自治区就业人数不断增加的同时，失业人数也在上升，并且失业人数增长的速度要大于就业人数增长的速度，表明目前内蒙古自治区的就业形势依然严峻，就业总量压力持续存在，劳动力供给过剩的严重状况在短期内不会改变。

（二）就业结构

1. 城乡就业结构

近年来，内蒙古自治区城乡区域统筹发展加快，城乡一体化水平不断提高。如表7-2所示，2015年末，内蒙古自治区城镇化率达到60.3%，比2014年提高了0.8个百分点；内蒙古自治区人口总数为2511.0万人，比2014年增加了6.2万人。其中，城镇人口为1514.2万人，比上年增加了23.6万人；乡村人口为996.8万人，比上年减少了17.4万人。城乡之间劳动力流动的速度加快，乡村劳动力大量涌入城镇，城镇就业压力进一步增大。

表7-2 2006~2015年内蒙古自治区城乡人口与就业人数

年份	总计（万人）		城镇（万人）		乡村（万人）	
	人口	就业人数	人口	就业人数	人口	就业人数
2006	2415.1	1051.2	1174.7	365.0	1240.4	686.2
2007	2428.8	1081.5	1218.0	383.5	1210.8	698.0
2008	2444.3	1103.3	1264.1	414.9	1180.2	688.4
2009	2458.2	1142.5	1312.7	439.5	1145.5	703.0
2010	2472.2	1184.7	1372.9	465.2	1099.3	719.5
2011	2481.7	1249.3	1405.2	517.1	1076.5	732.2
2012	2489.9	1304.9	1437.6	562.6	1052.3	742.3
2013	2497.6	1408.2	1466.3	665.4	1031.3	742.8
2014	2504.8	1485.4	1490.6	738.8	1014.2	746.6
2015	2511.0	1498.8	1514.2	725.7	996.8	738.1

数据来源：根据《内蒙古统计年鉴》（2016）整理所得。

2006~2015年，内蒙古自治区城镇人口不断增长，城镇就业人数也呈现明显的上升趋势（见表7-2）。相比较，农村人口出现大幅度减少，就业人数增长缓慢。近年来，受经济下行形势的影响，内蒙古自治区经济增长速度明显放缓，同时乡村人口和劳动力不断涌入城镇，城乡就业形势不容乐观，这也是"十三五"期间内蒙古自治区社会保障建设和促进实现充分就业所面临的严峻挑战。

2. 产业就业结构

随着经济结构的战略性调整，内蒙古自治区的产业就业结构也随之发生变化。如表7－3所示，内蒙古自治区三次产业就业人数分布情况如下：2006年，第一、第二、第三产业的就业比重分别为53.78%、15.98%和30.24%；2015年，各产业就业比重为39.10%、17.06%和43.84%。其中，第一产业就业态势较为稳定，由2006年的565.3万人上升到2015年的572.3万人，就业人数占总就业人数的比重经历了不断下降的过程，由53.78%下降到39.10%，10年间下降了14.68个百分点。2006～2015年，第二产业的就业人数整体呈现出稳中有增的趋势，就业人数占总就业人数的比重保持在15%～18%。就业变化显著，第三产业的就业结构比重逐年增加，10年间增长了13.62个百分点，并且所吸纳的就业人数相比第二产业增长更快。由此可以看出，内蒙古自治区的产业就业结构由于经济结构的调整变化，正经历着劳动力由第一产业向第二、第三产业逐步转移的过程，产业结构高级化现象比较明显。目前，内蒙古第三产业的就业比重已超过第一、第二产业的就业比重，成为吸纳劳动力的最大市场，但产业就业结构仍然不合理，表现为第一产业就业人数比重仍然偏高、第三产业就业人数比重相对偏低。

表7－3　2006～2015年内蒙古自治区三次产业的就业人数与比重

年份	就业人员（万人）			比例构成（%）		
	第一产业	第二产业	第三产业	第一产业	第二产业	第三产业
2006	565.3	168.1	317.8	53.78	15.98	30.24
2007	569.3	183.6	328.6	52.64	16.98	30.38
2008	556.7	186.2	360.4	50.45	16.88	32.67
2009	558.0	193.3	391.2	48.84	16.92	34.24
2010	571.0	206.2	407.5	48.20	17.41	34.39
2011	573.0	221.5	454.8	45.87	17.73	36.40
2012	583.4	236.1	485.4	44.70	18.10	37.20
2013	580.9	264.6	562.7	41.25	18.79	39.96
2014	582.0	271.4	632.0	39.18	18.27	42.55
2015	572.3	249.7	641.7	39.10	17.06	43.84

数据来源：根据《内蒙古统计年鉴》（2016）整理所得。

（三）就业服务

内蒙古自治区不断加强有关就业工作的基础设施建设，注重提高就业公共服务水平，最大限度地促进居民就业。2016年，《内蒙古自治区人力资源和社会保障事业发展第十三个五年规划》中指出，要积极实施职业培训行动计划，提高劳动者素质，组织开展农牧民工和特殊就业人群职业培训，加强公共实训基地建设，推动内蒙古自治区提高就业质量。

1. 内蒙古自治区就业中心数量波动发展

如表7-4所示，2004～2012年，内蒙古自治区就业训练中心个数处于波动趋势，保持在100～120个，2013年就业训练中心个数迅速增长。这说明2004～2013年，内蒙古自治区的公共就业服务设施比较少，且基础设施建设不是呈现稳定增长、完善的态势。同时，2004～2013年，在内蒙古自治区就业训练中心参加就业训练的人数和实现就业的人数整体呈现下降趋势，并且和当年实现就业总人数相比，就业训练中心实现就业的人数所占比重仅仅在0.36%～3.44%。但在2004～2013年，就业训练中心的就业率呈现稳定增长的趋势，2011年就业训练中心就业率高达98.35%，2004年就业率最低，为66.11%。由此可以看出，参加内蒙古自治区就业训练中心的人员相对总体就业人员而言所占比重较小，但就业训练中心的就业率较高，说明就业训练中心通过为求职人员提供就业培训，提高求职人员的工作技能，可以有效地解决就业问题，促进就业训练人员就业。因此，并且应该鼓励更多的求职人员积极参加就业培训，从而尽快实现就业。

表7-4　2004～2013年内蒙古自治区就业训练中心情况

年份	就业训练中心个数（个）	就业训练人数（万人）	就业人员（万人）	就业总人数（万人）	就业训练中心就业率（%）
2004	115	23.59	15.59	1026.1	66.11
2005	118	48.89	35.81	1041.1	73.26
2006	114	35.32	27.87	1051.2	78.91
2007	116	27.45	22.83	1081.5	83.15
2008	101	19.29	15.14	1103.3	78.51
2009	103	16.85	15.42	1142.5	91.53
2010	114	21.56	16.98	1184.7	78.73
2011	103	9.80	9.63	1249.3	98.35
2012	104	9.11	8.19	1304.9	89.93
2013	195	15.95	13.66	1408.2	85.65

注：就业训练中心就业率＝就业人员/就业训练人数×100%。

数据来源：根据《中国劳动统计年鉴》（2014）整理所得。

2. 内蒙古自治区公共就业人才服务人数减少

如表 7 – 5 所示，2004 ~ 2014 年，内蒙古自治区公共就业人才服务机构的就业介绍成功率均在 50% 以上，说明公共就业人才服务机构可以有效地帮助登记的求职人员当年实现就业。2008 年，内蒙古自治区发布了《内蒙古自治区人民政府关于鼓励全民创业促进以创业带动就业的意见》，鼓励全体社会成员创业，促进以创业带动就业，创业服务建设不断完善。2010 ~ 2014 年，创业服务人数不断增加。2013 ~ 2014 年，在内蒙古自治区公共就业人才服务机构登记求职的人数和求职介绍成功的人数出现下降，与此同时，就业介绍成功率也逐年下降。这种状况主要有以下两方面的原因：一方面是在内蒙古自治区积极就业政策的推动下，社会成员拥有更加多样的就业形式可供选择，自主创业、灵活就业人员不断增加；另一方面是内蒙古自治区的公共就业服务建设依然需要不断完善，才能更好地促进居民实现高质量的就业。

表 7 – 5　2004 ~ 2014 年内蒙古自治区公共就业人才服务机构

年份	本年登记求职人数（万人）	本年职业指导人数（万人）	本期创业服务人数（万人）	本年介绍成功人数（万人）	就业介绍成功率（%）
2004	58.8	22.6	—	29.7	50.51
2005	60.8	35.5	—	39.7	65.30
2006	83.0	50.4	—	53.2	64.17
2007	80.7	48.7	—	60.7	75.30
2008	74.2	42.4	—	55.7	75.08
2009	73.5	48.3	—	54.4	73.93
2010	90.7	53.2	3.5	54.2	59.80
2011	92.8	50.7	3.6	66.4	71.58
2012	75.7	41.0	4.8	56.6	74.82
2013	57.0	25.9	5.0	33.6	58.90
2014	60.4	27.8	5.4	31.3	51.79

注：就业介绍成功率 = 本年介绍成功人数/本年登记求职人数 ×100% 。

数据来源：根据《中国劳动统计年鉴》（2004 ~ 2014）整理所得。

二、内蒙古自治区就业形势发展面临的问题

（一）内蒙古自治区就业压力大，劳动力供给过剩

重点群体就业任务加重，压力持续加大。2015 年，内蒙古自治区需要安置就业的大学生超过 15 万人；需要转移就业的农村牧区富余劳动力超过 300 万人。如何有效地拓宽就业领域、畅通就业渠道、创新就业服务，促进这些重点群体实现充分就业、稳定就业、高质量就业，是摆在党委、政府、就业工作者以及全社会面前的重要任务。

（二）内蒙古自治区就业结构矛盾突出，产业就业结构总体水平落后

就业面临的主要矛盾正在发生转换，即以就业总量为主的矛盾正在向以结构性为主的矛盾转变。当前，内蒙古自治区的就业结构性矛盾凸显为以下两个方面：一方面是劳动者综合素质偏低，求职者的专业素养、技能水平与市场需求不匹配，"有些人没事干、有些事没人干"的现象由此产生，并呈现出持续加剧的态势。另一方面则是新常态下产业结构的调整、化解产能过剩措施的落实，致使部分行业企业出现了生产经营困难的迹象，结构性裁员派生出了结构性的失业和隐形失业。如何化解这些结构性矛盾，实现稳增长与稳就业、调结构与促就业的协调推进，也是当前以及今后一段时期内蒙古自治区就业工作所面临的重大难题。

此外，就业增长点将产生转换，新的就业增长点有待于挖掘和培育。新常态下，随着产业结构的调整、经济增长方式的转变，内蒙古自治区的新产业和新需求也随之催生，即第三产业中的新型服务业、县域经济、民营个体经济将再度成为新的就业增长点。

（三）中小企业发展相对缓慢，制约着就业容量的扩大

企业有大小，作用各不同。大企业拥有国际竞争力，可以维护国家经济安全，但大多数是资金密集、技术密集；而中小企业不仅具有活力，而且大多数是劳动密集，可以提供更多的就业机会。一般而言，等量的资本投入，劳动密集型小企业创造的就业机会是资本技术密集型大企业的 10 倍以上，因此，发展中小企业对于解决我国就业问题的潜力非常大。伴随着经济的发展和改革开放政策的推行，内蒙古自治区中小企业也逐步发展壮大起来。与历史发展水平相比，内蒙古自治区中小企业已经有了长足的进步。但是，由于重视不够、观念落后，内蒙

古自治区一直比较重视大型企业的发展，扶持大企业，对大企业有很多优惠政策，甚至在20世纪90年代中期，还采取一系列"造大船"措施，忽视中小企业尤其是非公有制中小企业的作用。与国内较发达地区相比，内蒙古自治区中小企业数量太少、经济效益差、发展落后、存在问题较多，使其在经济发展，尤其是在扩大就业方面的作用没有得到充分发挥。

（四）劳动力总体素质偏低，不能适应经济发展、产业升级的需要

长期以来，内蒙古自治区劳动力素质整体偏低，技术工人、高级技术人才严重不足，远远不能满足经济发展和产业升级的需要，一些地区，一方面是富余人员的下岗失业，另一方面是专业技术人才的短缺。这种劳动力供求错位的矛盾，使素质低而缺乏竞争力的劳动者成为长期失业人员，增加了就业压力。从第五次人口普查来看，内蒙古自治区城镇失业人员文化素质普遍偏低，初中及初中以下文化程度的占绝大多数，占全部失业人口的比重高达74%以上。现在是内蒙古自治区产业结构调整和技术不断进步的时期，随着生产技术水平的迅速提高和经济增长方式由粗放型向集约型的转变，劳动力整体文化素质差、技术水平低的矛盾日益突出。

三、优化内蒙古自治区就业形势良性发展的对策建议

（一）坚持经济发展与扩大就业良性互动，增强创造就业岗位的能力

1. 建立经济增长与扩大就业联动机制

推进经济结构战略调整和产业转型升级，制定并实施扩大就业的财政、金融、产业等政策，建立健全公共投资和重大项目带动就业的考核评估机制。围绕建设现代化经济体系，着力培育新的就业增长点。深入实施新一轮东北振兴战略，推进呼包鄂协调发展及和林格尔新区建设，在打造新的区域增长极和经济支撑中扩大就业。

2. 发展新兴产业和新兴业态吸纳就业

大力发展新能源、新材料、大数据云计算、节能环保、高端装备制造、生物科技、蒙中医药等战略性新兴产业，拓展就业领域。积极探索和创新监管方式，加快发展平台经济、共享经济等新经济形态，催生更多微经济主体，开发新型就业模式。将鼓励创业创新发展的优惠政策面向新兴业态企业开放，健全就业、劳动保障等相关制度。

3. 增强中小微企业和服务业吸纳就业能力

扩大市场准入范围，落实降税减负等扶持政策，促进中小企业加快发展，培

育特色产业集群，带动更多就业。开展加快发展现代服务业行动，不断拓展服务业发展的广度和深度，鼓励发展就业容量大、门槛低的旅游休闲、健康养老、家庭服务、文化体育等生活性服务业和金融保险、节能环保、现代物流等生产性服务业。推动家庭服务企业规模化、规范化、职业化发展。

4. 拓展职业农牧民就业空间

加快发展现代农牧业，推进农牧业产业化、标准化和品牌化发展。依托农畜产品主产区和优势特色产业基地，科学规划、合理布局农畜产品加工园区，吸引农畜产品加工企业向园区集聚，创造更多职业农牧民就业机会。积极发展农牧业生产性服务业、农畜产品深加工和储运，推动发展"互联网＋现代农牧业"，大力发展农畜产品电子商务、休闲农牧业、创意农牧业、森林体验、森林康养和乡村旅游等新业态，加快培育专业大户、家庭农牧场、农牧民专业合作社、龙头企业等新型农牧业经营主体，扩大职业农牧民就业规模。

5. 健全收入分配激励机制

支持劳动者以知识、技术、管理和技能等创新要素按贡献参与分配，实行股权、期权等中长期激励政策，激发劳动者创业创新热情。推进差别化收入分配激励改革，实施技能人才、新型职业农牧民、科研人员、小微创业者、企业经营管理人员、基层干部队伍和有劳动能力的困难群体等城乡居民增收行动，提高劳动者就业收入水平。

6. 促进困难行业和重点地区稳定就业

通过化解过剩产能、淘汰落后产能、落实减税降费、加快分离国有企业办社会职能等综合措施，推动钢铁、煤炭、煤电等行业转型发展，稳定用工需求。对化解过剩产能企业较为集中、待岗职工多、就业门路窄、失业风险大的困难地区，实施就业援助专项行动。促进资源型城市转型发展，扶持劳动密集型产业、服务业和小微企业发展，拓展就业空间。

（二）优化创新创业环境，提升创业带动就业能力

1. 调动劳动者创业创富积极性

推动"放管服"改革，降低市场准入门槛，依法取消制约创业创新、束缚活力的行政许可事项。实施"创业内蒙古"行动计划（2016～2020年），组织落实创客逐梦计划、创业领航计划、创业筑巢计划、融资畅通计划、青年创业计划、返乡农牧民工创业计划，营造鼓励创业、宽容失败的良好社会氛围。落实促进高校毕业生、退役军人、残疾人、登记失业人员等群体创业的税费优惠政策，加快落实高校、科研院所等专业技术人员离岗创业政策，加大对初创企业的场地支持、设施提供、房租减免、住房优惠等政策的扶持力度，降低创业成本。

2. 拓宽创业融资渠道

鼓励各类金融机构不断创新金融产品和服务，对创业创新活动给予多种形式的融资支持。发展风险投资、天使投资，促进互联网金融健康发展。开展股权众筹试点，利用好国家新兴产业创业投资引导基金，做大政府创业投资引导基金，支持符合条件的创业企业通过资本市场上市、发行债券等方式筹集资金。落实创业担保贷款政策，合理增加贴息资金投入，扩大担保基金规模，扶持更多劳动者创新创业。

3. 提升创业服务能力

健全完善创业服务体系，全面推进创业园区、孵化基地、创业实训基地和创业项目库，以及以众创、众包、众扶、众筹为支撑平台的"四众"创业市场建设，积极培育新型创业孵化模式。继续实施"以奖代补"项目，打造特色突出、功能完备、承载力强、具有示范和带动效应、与区域优势产业高度契合的示范性创业园和创业孵化基地。支持培育吸纳就业能力强的创新型创业企业，加强创业创新资源共享与合作，鼓励发展"互联网＋创业"。探索建立创业培训、创业模拟训练和创业基地实训"三合一"的培训模式，健全培训制度，全面提高劳动者创业能力。

（三）统筹做好重点群体就业，提升就业保障能力

1. 切实做好高校毕业生等青年群体就业工作

继续把高校毕业生就业摆在就业工作的首位，着力在科技含量高的智力密集型产业特别是战略性新兴产业、现代服务业，开发更多适合高校毕业生的高质量就业岗位。结合政府购买基层公共管理和社会服务开发岗位，统筹实施基层服务项目，引导和鼓励高校毕业生到城乡基层和中小微企业就业，建立高校毕业生"下得去、留得住、干得好、流得动"的长效机制。深入实施高校毕业生就业创业促进计划，健全高校毕业生就业创业体系，创新就业信息服务方式方法，注重运用"互联网＋就业"模式，强化就业市场供需衔接和救助帮扶。落实创业扶持政策，强化创业指导、项目推荐、创业培训等服务。通过"以奖代补"方式，打造一批高校毕业生创业品牌。

2. 促进农村牧区劳动力转移就业

加快建立完善城乡劳动者平等就业制度，强化劳务输出地与输入地对接，推进农村牧区劳动力转移就业示范基地建设，有序引导农村牧区劳动力外出就业、就地就近就业。加强嘎查村劳动力转移就业监测，做好信息服务工作。围绕农村牧区第一、第二、第三产业融合发展，支持农牧民工返乡就业创业，鼓励返乡农牧民工创办新兴农牧业经营主体，将农牧民工返乡创业园纳入区域创业园和创业孵化基地建设总体规划，打造一批农牧民工返乡创业园和创业孵化基地。扎实做好建档立卡贫困劳动力就业扶贫工作，实行精准识别动态管理，精准援助引导转移就业，因人因需开展技能培训，组织开展劳务协作、"春风行动""春潮行动"、技能脱贫千校行动。

3. 强化困难群体就业援助

健全就业援助制度，进一步完善就业援助政策，鼓励用人单位吸纳就业困难人员。对就业困难人员和零就业家庭成员实行实名制动态管理，制定个性化援助方案，提供一对一的就业援助，做到零就业家庭"产生一户、认定一户、援助一户、消除一户、稳定一户"，确保零就业家庭动态清零。对难以通过市场就业的大龄就业困难人员和零就业家庭成员，通过开发公益性岗位给予托底帮扶，确保最低生活保障家庭中有劳动能力成员至少 1 人实现就业。落实各类用人单位按比例安排残疾人就业政策，积极开发适合残疾人就业的公益性岗位，扶持残疾人自主创业和灵活就业。加强公益性岗位人员动态管理，建立定期核查机制，完善就业帮扶政策期满退出办法。

4. 积极做好化解过剩产能职工安置工作

坚持企业主体、地方组织依法依规的原则，鼓励支持企业多渠道分流安置富余职工。大力实施再就业帮扶行动，积极开发公益性岗位，促进分流职工转岗就业创业。依法处理劳动关系，加强社会保险关系衔接，注重风险防范，切实维护职工合法权益。

5. 扎实做好其他重点群体就业工作

积极做好军队转业干部和退役士兵的接收安置工作，鼓励退役士兵、自主择业军人参加职业教育和技能培训，提高就业创业能力。统筹做好退役运动员、戒毒康复人员、刑满释放人员等群体的就业工作。促进少数民族劳动者就业，在少数民族聚居地区开展以本民族语言文字授课为主的职业技能培训和汉语教学，提升其就业能力。

（四）提供全方位公共就业服务，提高人力资源市场供求匹配能力

1. 健全公共就业服务体系

加强覆盖城乡的公共就业服务体系建设，建立完善就业失业登记管理制度，免费向城乡劳动者提供基本公共就业服务。推进公共就业创业服务专业化建设，健全公共就业服务工作机制，完善就业信息服务制度，创新就业服务模式，优化服务流程，简化服务环节和手续，提升服务队伍能力。建立统一开放、竞争有序的人力资源市场，加快诚信体系和标准化建设，推进户籍制度改革，规范人力资源市场各类招聘活动及中介行为，破除妨碍劳动力、人才社会性流动的体制机制弊端。增强劳动力市场灵活性，促进劳动力在地区、行业、企业间合理流动。

2. 大力发展人力资源服务业

以产业引导、政策扶持和环境营造为重点，规范发展人事代理、人才推荐、人员培训、劳务派遣等人力资源服务。实施人力资源服务业发展推进计划，重点打造 20 家有核心产品、技术含量高、具有示范引领作用的人力资源服务骨干企业，依托重大项目和龙头企业培育创新发展、符合市场需求的人力资源服务产业园。推进人力资源服务业和互联网技术融合，实施"互联网 + 人力资源服务"行动。

3. 推进就业服务信息化建设

推动大数据等新技术应用，建立自治区级集中的公共就业创业服务信息系统和服务平台，充分运用网站、"草原智慧就业云平台"、12333 热线、"人才驿站"、微信、自助终端等渠道，打造线上线下一体的服务体系。

4. 加强就业形势监测分析

健全就业统计指标体系，完善统计口径和调查方法，推进各部门就业信息统计资源共享，建立更加准确、全面反映就业创业情况的统计监测指标。加强与研究机构、市场分析机构的密切协作，建立就业数据与宏观经济、行业经营等数据以及社会机构相关数据交叉比对机制，提高就业形势监测和分析能力。建立完善就业信息和失业动态监测预警机制，及时掌握企业人员变动情况及趋势，适时发布预警信息。

（五）完善教育培训机制，增强劳动者素质提升能力

1. 创新人才培养模式

贯彻落实《内蒙古自治区关于深化高等学校创新创业教育改革的实施方案》，建立健全课堂教学、自主学习、结合实践、指导帮扶、文化引领融为一体的高校创新创业教育体系。推行产教融合的职业教育模式，实施"订单式"培养、工学交替培养、顶岗实习，积极推动校企联合招生培养的现代学徒制。强化教学、实习、实训的融合，普及推广项目教学、案例教学、情境教学等教学模式。积极推广"双证书"制度，将相关课程考试考核与职业技能鉴定合并进行。

2. 构建职业技能培训体系

建立劳动者终身职业培训制度，健全以企业、职业院校和各类培训机构为依托，以就业技能培训、岗位技能提升培训和创业培训为主要形式，覆盖全体、贯穿终身的培训体系。统筹建设区域性大型实训基地、盟市级综合型实训基地和旗县级地方产业特色实训基地，构建布局合理、定位明确、功能突出、信息互通、协调发展的职业技能实训基地网络。建立区域职业培训联盟（集团），推动职业培训资源优化配置，实现职业培训资源共享。完善职业培训工作机制，努力使每个劳动者都有机会接受就业技能培训和创业培训。健全职业培训政府补贴制度，完善财政资金补贴方式，提高培训补贴资金使用效益。严格执行国家职业资格目录清单管理制度。

3. 实施精准培训计划

加强职业技能培训总体规划，突出重点人群和"高精尖缺"导向，大规模开展职业技能培训，着力解决结构性就业矛盾。实施高技能人才培养工程和新成长劳动力技能提升、在岗职工技能提升、企业新型学徒制培训、战略性新兴产业紧缺劳动力技能提升等计划，提高培训的针对性和有效性。组织实施农牧民工职业技能培训"春潮行动"，使每个有培训愿望的农牧民工至少掌握一门实用技能。加大贫困家庭子女、失业人员、转岗职工和残疾人等劳动者职业技能和创业培训力度，按规定给予培训补贴。实施新型职业农牧民培育工程，建立教育培训、规范管理和政策扶持相衔接的制度体系。实施现代青年农牧场主培养计划和农村牧区青年创业致富"领头雁"培养计划，吸引年轻人从事农牧业创业。

（六）积极构建和谐劳动关系，提升就业质量

1. 全面实行劳动合同制

加强对企业实行劳动合同制度的监督、指导和服务，提高劳动合同签订率和履约质量。建立企业信息交流和通报制度，加强劳动用工备案管理。推行集体协商和集体合同制度，健全协调劳动关系三方机制，保障劳动者合法权益。

2. 健全科学的工资水平决定机制

建立企业酬薪调查和信息发布制度，着力提高一线生产服务岗位职工的工资水平，积极推进企业工资集体协商。组织实施全面治理拖欠农牧民工工资行动计划，规范企业工资支付行为，健全工资支付监控和保障制度，推进企业工资支付诚信体系建设。

3. 加大劳动人事争议调解仲裁和劳动保障监察力度

进一步完善网络化、网格化劳动保障监察体系，重点查处侵犯劳动者权益的违法行为。加强劳动人事争议调解仲裁工作规范化、标准化、专业化、信息化建设，建立健全重大集体劳动争议应急调处机制和仲裁特别程序。

（七）政府相关部门提供有力的保障和支撑

1. 强化责任落实

健全各级人民政府牵头的就业创业工作协调机制，强化政府促进就业的责任。有关部门要加强工作统筹协调，确保按进度完成目标任务。健全政府促进就业目标责任制和考核评价机制，强化对就业目标任务完成情况的考核评价，并将其纳入领导班子和领导干部的政绩考核。

2. 强化政策协同

各地区、各部门要将促进就业、稳定就业作为宏观经济政策的优先目标，加快完善更加积极的就业政策体系，促进就业政策与产业、财政、税收、金融、教育、社保等政策措施的统筹协调，形成有利于促进就业的宏观政策体系。

3. 强化资金支持和督查评估

健全政府投入持续稳定增长机制，就业资金优先安排用于保障《内蒙古自治区关于深化高等学校创新创业教育改革的案施方案》的实施。进一步完善转移支付制度，切实增强各级财政特别是基层财政的就业投入。充分发挥政府投资的引导作用和放大效应，通过政府和社会资本合作（PPP）等多种形式，有序、有效地引导并带动社会资本扩大就业创业服务供给。各级人民政府要加大对困难地区的资金投入，在同级财政预算中，足额安排就业专项资金并加强对规划落实情况的督促检查，开展年度监测，组织实施评估。

第 八 章

内蒙古自治区保障性住房发展报告

居住权是人类生存最基本的权利，根据马斯洛的需求层次论，吃、住、穿一起构成了人类最低层次的需求，即生存需求。改革开放以来，我国经济持续、稳定、快速地增长，我国城镇居民的居住状况得到了明显的改善，居住水平不断提高。近年来，在内蒙古自治区党委的正确领导下，内蒙古自治区各级政府认真贯彻落实党的十八大，十八届三中、四中、五中、六中全会，以及习近平总书记、李克强总理视察我区时的重要讲话精神，按照党中央、国务院关于"稳增长、调结构、促改革、惠民生"等一系列重大决策部署，紧紧围绕棚户区改造等中心工作，结合供给侧结构性改革和房地产"去库存"，大力推进自治区住房保障工作。但仍有相当数量的城镇家庭面临着无房、危房、拥挤、共用等居住问题。如果住的问题得不到解决，其他的如安全、自尊、自我实现等高层次的需求就无从谈起，那么社会进步、经济发展、社会稳定更是空谈。

一、内蒙古自治区城镇保障性住房分配政策沿革及现状

近年来，在内蒙古自治区党委的正确领导下，内蒙古自治区各级政府认真贯彻落实党的十八大、十八届三中、四中、五中、六中全会和习近平总书记、李克强总理视察内蒙古自治区的重要讲话精神，按照党中央、国务院关于"稳增长、调结构、促改革、惠民生"等一系列重大决策部署，紧紧围绕棚户区改造等中心工作，克服时间紧、任务重和人手少等困难和压力，认真履行工作职责，进一步强化服务意识，严格内部管理，全力落实全国棚户区改造工作会议、全区经济工作会议等相关会议精神，结合供给侧改革和房地产去库存，大力推进全区住房保障工作。

（一）内蒙古自治区城镇保障性住房政策沿革

内蒙古自治区城镇保障性住房建设起步较早，自1994年由建设部等三部门联合发布的《城镇经济适用住房建设管理办法》出台、开始建设经济适用住房起，内蒙古自治区城镇保障性住房政策从酝酿、建立、全面推进到逐步完善，经历了以经济适用住房建设为主、廉租住房制度建立、公共租赁住房制度开始建立和各类保障性住房并轨管理四个阶段。

1. 政策酝酿阶段

从1994年至2007年，这一阶段是保障性住房政策的酝酿阶段。保障性住房以经济适用住房建设为主，政府主要通过划拨建设用地、免收各种行政事业性收费和政府性基金等优惠政策，向城镇低收入家庭供应经济适用住房。但由于缺乏对中低收入住房困难家庭的具体认定标准，对经济适用住房的建设标准也没有详细的规定，这一阶段的经济适用住房并不是完全意义上的保障性住房。

2. 初步建立阶段

从2008年至2010年，这一阶段是保障性住房制度的初步建立阶段，也是内蒙古自治区廉租住房制度的建立阶段。2007年旨在解决城镇低收入家庭住房困难问题的《国务院关于解决城市低收入家庭住房困难的若干意见》正式出台。同年，内蒙古自治区人民政府出台了《关于进一步解决城市低收入家庭住房困难问题的通知》，提出尽快建立健全廉租住房制度，改进和规范经济适用住房制度，促进房地产市场健康发展和加强住房保障管理工作机构建设，落实工作目标责任等要求，这是内蒙古自治区廉租住房制度确立的里程碑，自此，内蒙古自治区住房保障进入了以廉租住房保障为主的阶段。内蒙古自治区人民政府在2008年7月14日出台的《关于进一步做好城镇廉租住房保障工作的通知》，对廉租住房保

障的货币补贴和实物配租办法作了进一步细化，对廉租住房保障的资金筹集渠道和相关管理制度作了明确规定，提出要逐步提高实物配租的比例。2009 年 3 月 2 日印发的《内蒙古自治区人民政府办公厅转发国务院办公厅关于促进房地产市场健康发展若干意见的通知》，进一步明确了包括多渠道筹集资金、土地供应和税费减免等针对廉租住房建设的各项支持性政策。2010 年 5 月 11 日出台的《内蒙古自治区人民政府关于进一步加强和改进城镇廉租住房保障工作的通知》，就完善廉租住房保障实施办法、加强廉租住房建设项目规划管理、认真落实各项优惠政策及加强廉租住房保障信息系统建设、推进规范化管理等工作做出进一步规定。

3. 全面推进阶段

从 2011 年至 2013 年，这一阶段是保障性住房政策的全面推进阶段，在这一阶段，公共租赁住房制度开始建立。2010 年 7 月，为了解决城市中等偏下收入家庭以及新就业职工和外来务工人员的住房困难问题，按照国家住房和城乡建设部等各部门《关于加快发展公共租赁住房的指导意见》的要求，内蒙古自治区在全区范围内开始组织公共租赁住房建设。同时，按照国家《关于调整住房供应结构稳定住房价格的意见》的要求，内蒙古自治区通过"限套型、限房价、竞地价"的办法将以公开出让方式确定开发建设单位，而建设的限价商品住房则纳入住房保障范围。这一阶段，是内蒙古自治区保障性住房全面推进和类型最全的阶段，保障性住房的类型包括了廉租、公租、经济适用和限价商品住房四种类型，涵盖了我国保障性住房的所有类型。

4. 逐步完善阶段

2014 年至今，这一阶段为保障性住房政策的逐步完善阶段，各类保障性住房并轨为公共租赁住房。2013 年，为进一步完善内蒙古自治区城镇住房保障制度，建立了能够适应不同家庭住房支付能力差异性保障需求的，以公共租赁住房为基本形式的，以先租后售、租售并举为特征的保障性住房供应体系，内蒙古自治区人民政府印发了《关于进一步加强和完善城镇保障性建设和管理的意见》，其中明确提出，要加快各类保障性住房的并轨管理，通过实行"租补分离、分类补贴"，实现廉租住房、公共租赁住房的并轨管理运行，不再建设经济适用住房和限价商品住房；实现保障性住房的统一规划建设、统一资金使用、统一申请受理、统一运营管理。这一政策的制定标志着内蒙古自治区保障性住房实现全面并轨管理。自治区保障性住房并轨管理政策的出台较国家住房城乡建设部等部委《关于公共租赁住房和廉租住房并轨运行的通知》早半年，走在了全国各省份的前列。

（二）内蒙古自治区城镇保障性住房分配政策

内蒙古自治区城镇保障性住房分配政策渗透着城镇保障性住房政策的沿革，

同时在保障对象、供给方式、申请审核程序、退出标准以及监督管理和处罚措施等方面也摸索出一套符合内蒙古自治区实际的政策。

1. 保障对象

廉租住房保障对象：从 2007 年至 2010 年，内蒙古自治区廉租住房保障的范围逐步扩大，2007 年的保障范围是城市人均住房建筑面积不足 8 平方米的低保家庭；2008 年的保障范围是设区城市人均住房建筑面积不足 13 平方米，其他城市人均住房建筑面积不足 8 平方米的低保家庭；2009 年的保障范围是城市人均住房建筑面积不足 13 平方米的低保家庭；2010 年以后的保障范围是城市人均住房建筑面积不足 15 平方米的低保家庭，并将低保外人均住房建筑面积不足 13 平方米的低收入家庭（当地低保标准 2 倍以内）的家庭逐步纳入保障。并轨前公共租赁住房保障对象：本地无房或住房面积低于当地规定标准、收入财产低于规定标准的低收入家庭和在本地稳定就业并达到规定年限的外来务工人员。

目前，内蒙古自治区保障性住房的保障对象分以下三类：一是无房和人均住房建筑面积不足 15 平方米的低保家庭；二是无房和人均住房建筑面积低于盟市、旗（县、市、区）规定标准的低收入家庭；三是在前两项实行应保尽保的基础上，符合当地经济社会发展需要的各类专业人才、新就业人员和有稳定职业并在内蒙古自治区连续缴纳社会保障费达到一定年限的外来务工人员。保障对象的具体准入标准由各盟市、旗（县、市、区）根据当地情况制定。其中，《呼和浩特市公共租赁住房管理办法》规定：家庭成员之一有本市户籍、家庭人均月收入低于城市居民最低生活保障标准 7 倍且无住房的家庭；年满 18 周岁，有本市户籍，人均月收入低于城市居民最低生活保障标准 7 倍且无住房的新就业职工；与用人单位签订劳动合同并进行就业登记，在本市连续缴纳社会保障费 2 年以上，人均月收入低于城市居民最低生活保障标准 7 倍且在本市没有住房的外来务工人员也可纳入保障范围。《包头市公共租赁住房管理办法实施细则（试行）》规定：公共租赁住房保障家庭为有本市户籍或与本市用人单位签订 1 年劳动（聘用）合同，同时在本市连续缴纳社会保险费 1 年以上且无自有住房或人均住房建筑面积低于 15 平方米的本市住房困难家庭、外来务工人员和新就业职工。《鄂尔多斯市公共租赁住房管理（暂行）办法》规定：公共租赁住房的主要供应对象包括具有本市城镇户籍的住房困难家庭；已通过廉租住房、经济适用住房、限价商品住房资格审核尚在轮候的家庭以及其他住房困难家庭；具有鄂尔多斯市户籍的进城务工人员和新就业无房人员；能够提供在本市范围从业半年以上劳动合同和养老保险缴纳证明的非鄂尔多斯市户籍外来务工人员和新就业无房人员；由市内引进单位或机构出具证明的引进专门人才；在本市居住的拆迁安置暂时住房困难家庭。

2. 供给方式

廉租住房的供给方式：廉租住房保障实行实物配租和租赁补贴相结合的方式。实物配租是直接向符合条件的住房困难家庭提供住房，并按比例收取较低的租金；租赁补贴是向符合条件的住房困难家庭发放一定数额的补贴，由其自行寻找房源租住。内蒙古自治区2008～2010年廉租住房保障以租赁补贴为主，2010年以后以实物配租为主。2009年，自治区为解决廉租住房建设资金筹措问题，实现廉租住房建设可持续发展，满足部分保障家庭购买保障房、增加自身财产性收入的需求，也为有效解决廉租住房后期管理的问题，在《内蒙古自治区人民政府办公厅转发国务院办公厅关于促进房地产市场健康发展若干意见的通知》中提出"可采取租售并举、共有产权的方式，加大廉租住房建设力度。允许符合实物配租条件的家庭以成本价或适当低于成本价的价格购买廉租住房，获得有限产权"的政策。为积极稳妥推进租售并举政策，2010年，自治区政府下发了《关于进一步加强和改进城镇廉租住房保障工作的通知》，对各地租售并举政策提出三个要求：一是各盟市、旗县根据当地实际确定租售比例，宜租则租、宜售则售。二是符合条件的廉租保障家庭必须在自愿的原则下，可以按成本价或者略低于成本价购买廉租住房，取得有限产权。三是实行租售并举地区的地方政府，须保留适当数量的房源，出租给特困家庭，来解决其住房困难问题。

公共租赁住房的供给方式：并轨前，公共租赁住房只有实物分配一种形式。并轨后，采取实物配租和租赁补贴相结合的方式，并逐步由以实租配租为主转变为以租赁补贴为主。各级政府按照被保障家庭收入情况确定分类补贴标准，政府按照分类标准向被保障家庭发放补贴资金。从2016年起与国家去库存政策相衔接，内蒙古自治区全面停止新建保障性住房，加大公共租赁住房租赁补贴发放力度。

3. 申请审核程序

我国各类保障性住房的申请审核程序基本一致，均要求实行"三审两公示"和轮候制度。基本程序包括以下步骤：由申请人向居委会、城镇户口所在地街道办事处提出申请，街道办事处进行初审，公示后报市县住房保障管理部门审核；市县住房保障管理部门审核后提出审核意见，转交民政部门审核；民政部门审核后，向同级住房保障管理部门反馈审核意见，审核无意见后公示；公示无异议或异议不成的，给予登记；对登记为享受货币补贴的家庭，按规定标准发放租赁补贴；对登记为享受实物配租的家庭，采取轮候方式分配房源。轮候期间，按规定标准发放租赁补贴；房源落实后，享受实物配租，同时停发租赁补贴。

内蒙古自治区在保障性住房的申请审核程序上要更加严格，实行"三审三公示"。2014 年，内蒙古自治区政府在《关于进一步加强保障性住房建设和分配管理的通知》文件中明确要求，旗县（市）保障性住房申请审核由居委会受理申请后进行初审，并进行第一次公示；公示无异议后，报街道办事处或镇人民政府进行第二次审核和公示；最后由旗县（市）住房保障主管部门会同民政、公安部门进行第三次审核，对申请人的住房、收入、是否缴纳公积金、户籍、车辆等情况全面核查后，提出最终审核意见并进行第三次公示。同时，由于设区的城市与旗县（市）的建制不同，对于设区的城市保障性住房申请审核规定要上移一级，由街道办事处受理申请、提出初审意见并进行第二次公示；公示后报区住房保障主管部门，由住房保障主管部门会同民政部门对申请人的住房和收入情况进行审核，并进行第二次公示；最后由市住房保障主管部门、公安部门重点对申请家庭成员的房产、公积金缴纳、户籍和车辆情况进行审核，提出最终审核意见并进行第三次公示。

4. 退出标准

内蒙古自治区各盟市保障性住房的退出分两种情况：一是对于发放租赁补贴的家庭，若其收入标准和住房标准超过当地住房保障准入标准，即停发租赁补贴，退出住房保障。二是以实物配租的方式获得住房保障的家庭，其保障性住房的退出标准各地有所不同。以上两种情况均有保障性住房只能自住，不得出借、转租或闲置的规定，同时对于保障对象通过购置、继承、受赠等方式取得其他住房、超过保障房准入面积标准的，或保障对象经济状况明显改善、不再符合相应住房保障条件的，要求其在规定期限内主动腾退承租的保障性住房的规定。例如，呼和浩特市规定：承租人存在出租、转租保障性住房，无正当理由连续空置6 个月以上，拖欠租金累计 6 个月以上或改变住房结构或使用性质，严重影响房屋安全等情况的，需退出保障性住房，且 5 年内不得再次申请；包头市的规定则更加严格：连续 3 个月以上未在承租住房内居住，或连续 3 个月以上未按期缴纳租金的，均需退出保障性住房；鄂尔多斯市则规定：连续 6 个月以上未住或连续3 个月以上未缴纳租金的需退出保障性住房。

5. 监督管理和处罚措施

根据国家《廉租住房管理办法》和《公共租赁住房管理办法》的要求，内蒙古自治区对住房保障主管部门及其工作人员作出规定：在保障性住房管理工作中滥用职权、玩忽职守、徇私舞弊的，对直接负责的主管人员和其他直接责任人员依法给予处分；构成犯罪的，依法追究刑事责任。对保障性住房的所有权人及其委托的运营单位规定如下：向不符合条件的对象出租公共租赁住房的，未履行公共租赁住房及其配套设施维修养护义务的，改变公共租赁住房的保障性住房性质、用途以及配套设施的规划用途的，由市、县级人民政府住房保障主管部门责令限期改正，并处以 3 万元以下罚款。对保障房申请人的规定如下：隐瞒有关情况或者提供虚假材料申请保障性住房的，住房保障主管部门不予受理，给予警告，并记入住房管理档案；以欺骗等不正当手段，登记为轮候对象或者承租保障性住房的，由市、县级人民政府住房保障主管部门处以 1000 元以下罚款，并按市场价格补缴租金，逾期不退回的，可以依法申请人民法院强制执行，承租人自退回公共租赁住房之日起 5 年内不得再次申请保障性住房；对承租人转借、转租、擅自调换保障房、改变所承租公共租赁住房用途、破坏或擅自装修保障性住房、无正当理由闲置公共租赁住房的做了具体的罚款规定。

（三）内蒙古自治区城镇保障性住房工作现状

在保障性住房的分配过程中，内蒙古自治区始终将公平、公正、公开、合理的原则作为制定住房保障政策的生命线，在严格执行国家《廉租住房保障办法》《公共租赁住房管理办法》的基础上，根据地区实际，进一步完善和规范了相关分配政策。目前，内蒙古自治区保障性住房分配工作在有条不紊地进行，分配状态良好。

1. "十二五"期间城镇保障性住房筹集成效显著

"十二五"期间，全区累计开工建设城镇保障性安居工程 145.2 万套，超额完成"十二五"时期 116.32 万套的建设任务；其中，累计开工改造棚户区 102.75 万户，累计开工建设公共租赁住房（含廉租住房）31.75 万套。本级财政投入保障性安居工程建设补助资金 73.9 亿元，实现对人均住房建筑面积不足 15 平方米的城镇低保家庭的应保尽保。全区住房公积金覆盖面不断扩大，到 2015 年底，全区住房公积金缴存人数达 236 万人，缴存额达 705.67 亿元，提取额达 527.21 亿元；累计发放个人住房贷款达 773.86 亿元，支持保障性住房建设项目 13 个，贷款总额 21.52 亿元，缴纳财政廉租房补充资金 12.5 亿元。截至 2015 年底，全区共完成农村牧区危房改造 61.5 万户，受益群众达 215 万人。

2. "十二五"期间城镇保障性住房分配结构合理

内蒙古自治区 2013 年实现保障性住房的并轨管理，从 2014 年起不再新建经济适用住房和限价商品住房。据初步统计，2013 年以前建设的经济适用住房和限价商品住房大部分都已建成分配，目前重点研究的是公共租赁住房（包含廉租住房）的分配。2015 年末，内蒙古自治区公共租赁住房已分配入住 24.4 万套，为 8.6 万户住房困难家庭发放租赁补贴。截至 2015 年末，内蒙古自治区享受公共租赁住房保障的家庭达到 33 万户。从公共租赁住房保障方式看，实物配租家庭是租赁补贴家庭的近 3 倍，是主要的保障方式（见表 8-1）。从保障家庭的类型看，低保家庭仍然是当前内蒙古自治区公共租赁住房主要面对的人群，其次是低收入家庭、外来务工人员、中低收入、特殊贡献、环卫工人、生态移民等其他家庭，新就业职工所占比重最少（见表 8 - 2）。从不同类型保障家庭的保障方式看，低保家庭享受租赁补贴的家庭比例高于其他类型家庭，达到 29.7%；新就业职工通过实物分配获得公共租赁住房保障的家庭比例高于其他类型家庭，达到 97%，也就是说新就业职工主要是通过实物配租方式获得保障。

表 8 - 1　内蒙古自治区公共租赁住房保障方式占比

补贴类型	所占比例（%）
租赁补贴	26
实物配租	74

数据来源：根据《内蒙古统计年鉴》（2016）整理所得。

表 8 - 2　内蒙古自治区公共租赁住房保障人群占比

公共租赁住房保障人群种类	所占比例（%）
低保家庭	62
低收入家庭	25
外来务工人员	7
新就业职工	2
其他家庭	4

数据来源：根据《内蒙古统计年鉴》（2016）整理所得。

3. 2016 年保障性安居工程进展效果明显

2016 年，国家下达内蒙古自治区的棚户区改造开工任务为 22.1 万套，其中城市棚户区 17.3 万套；保障性安居工程基本建成任务 13.6 万套。截至 2016 年 12 月底，全区棚户区改造已开工 23.5 万套，开工率为 106.2%，其中城市棚户区开工 18.7 万套，开工率为 108.3%；完成投资 623.4 亿元；各类保障性安居工程完成基本建成任务 30.8 万套，建成率为 226.2%，已超额完成全年目标任务。棚改货币化安置比例达到 75.2%，高于全国平均水平。

二、内蒙古自治区城镇保障性住房分配过程中的问题及原因

(一) 保障性住房分配过程中的问题

1. 保障性住房覆盖范围有待拓宽

目前，内蒙古自治区城镇保障性住房保障对象主要包括以下三类；第一类是低保家庭；第二类是低收入家庭；第三类各类专业人才、新就业人员和外来务工人员。对于第一类家庭，内蒙古自治区对人均住房建筑面积低于 15 平方米的最低生活保障家庭已实现了全部应保尽保。对于第二类家庭，内蒙古自治区人民政府在 2010 年的《关于进一步加强和改进城镇廉租保障工作的通知》中明确提出要将低保以外低收入住房困难家庭逐步纳入保障范围，其中低保外的低收入住房困难家庭主要是指收入水平不足当地低保标准 2 倍以内的家庭。2013 年，各类保障性住房并轨管理后对低收入家庭的准入标准未做出新的规定，内蒙古自治区对低收入家庭的准入标准仍执行 2010 年 10 月的规定，即 "低保以外人均住房建筑面积不足 13 平方米的低收入家庭（当地低保标准 2 倍内）的家庭"。随着近年来内蒙古自治区经济的快速发展、人民生活水平的不断提高，内蒙古自治区人均住房建筑面积已从 2005 年的 22.96 平方米提高到 2014 年的 30.7 平方米，低收入家庭的住房面积准入标准也应适当放宽，才能与当前的经济发展水平和住房保障需要相衔接。另外，按照社会普遍认可的人均可支配收入比例法，对居民收入水平进行划分，城镇居民家庭依次可划分为最低收入家庭（占比为 10）、低收入家庭（占比为 10%）、中低收入家庭（占比为 20%）、中等收入家庭（占比为 20%）、中高收入家庭（占比为 20%）、高收入家庭（占比为 10%）、最高收入家庭（占比为 10%）。其中，内蒙古自治区目前的住房保障政策仅仅涵盖了其中的最低收入和低收入两类家庭，仅占城镇居民家庭的 20%，还未扩大至中低收入家庭。而目前中低收入家庭虽然收入水平略高于最低收入家庭和低收入家庭，但其购买商品住房的能力仍然不足，住房困难仍是困扰中低收入家庭的主要问题，亟待解决。对于第三类人员，内蒙古自治区已规定将各类专业人才、新就业人员和有稳定职业并连续缴纳社会保障费达到一定年限的外来务工人员纳入保障范围。对这类人员的准入住房标准和收入标准，由各地根据地区实际制定。目前从各地的准入标准看，大部分城市规定了较严格的住房和收入标准，如呼和浩特市规定人均收入在最低生活保障标准 7 倍以内且无房的外来务工人员才能申请保障性住房。同时，新就业的人员真正纳入住房保障的范围地区也很少，特别是对新就业人员中的新任公务员、事业单位工作人员纳入保障范围的目前还没有，许多有住房需

求的新就业人员享受不到住房保障政策。

2. 住房保障方式急需转变

2015 年，中央召开经济工作会议，提出 2016 年我国经济社会发展主要是抓好"去产能、去库存、去杠杆、降成本、补短板"五大任务。为落实好此次会议精神，2016 年初，内蒙古自治区人民政府出台了《关于做好房地产去库存工作进一步促进房地产业稳步发展的意见》，提出要在内蒙古自治区全面实行公共租赁住房货币化保障机制，从 2016 年起，不再开工新建公共租赁住房，对新纳入公共租赁住房保障的家庭通过在市场上租赁商品住房、政府发放租赁补贴的方式给予保障。这一政策的出台，从政府角度看，能够避免政府对住房市场的直接干预，促使财政补贴更快地转化为保障对象的福利满足，减少权力"寻租"的空间，降低政府的监督成本和后期管理压力；从保障对象角度看，可根据家庭所处生产生活地段、经济状况、个人喜好选择租住不同位置、不同户型的商品房，减少交通成本，保障方式更加灵活便捷，应该说是一项一举两得的好政策。这一政策的出台同时意味着内蒙古自治区住房保障方式由以实物配租为主向以租赁补助为主转变。但在保障方式转变的过程中，面临着新旧政策的前后衔接、补助资金来源不明确、房屋租赁二级市场不规范的问题，特别是对不同类型保障家庭如何合理确定不同的补贴标准，政府在政策制定上还有待进一步细化和完善。

3. 住房保障工作进展不平衡

早在 2011 年，《国务院办公厅关于保障性安居工程建设和管理的指导意见》中就明确提出，要使城镇中等偏下和低收入家庭住房困难得到基本解决，新就业职工住房困难问题得到有效缓解，外来务工人员居住条件得到明显改善。目前，各盟市虽均已出台了相应的扩大保障范围的政策，但仍存在以下问题：一是有些盟市并未全部实施到位，呼和浩特市、包头市、鄂尔多斯市、巴彦淖尔市、阿拉善盟等地已将外来务工人员纳入保障范围，而通辽市、满洲里市、二连浩特市等地还未将外来务工人员纳入保障范围，呼伦贝尔市、兴安盟市、赤峰市、锡林郭勒盟、乌兰察布市等地虽已扩面，但已实施保障的外来务工人员、新就业职工等人数较少。二是已实施保障房扩面政策的盟市大部分只是将外来务工人员纳入保障范围，新就业职工、各类专业技术人才并未纳入如呼和浩特市、乌海市和满洲里市。三是盟市虽已制定实施办法，但旗县实施情况并不统一，有些地区的住房保障仍只限于低保和低收入家庭，政策并未实施到位。

4. 准入人员甄别困难

目前，内蒙古自治区对保障性住房的准入审核主要是对居民财产收入及住房状况的调查。其中对居民财产收入的调查主要依赖民政部门做出的低保和低收入家庭认定，对家庭住房的调查主要依赖房地产管理信息系统中已网签的商品房登记。在居民财产收入调查中，由于居民家庭收入渠道多元化，家庭收入信息登记机制不完善，民政部门难以对居民实际的财产收入情况进行准确核查。尽管内蒙古自治区政府提出要建立住房城乡建设部门、民政部门、公安部门及街道社区协作配合的审核机制，由住房保障部门会同公安部门对申请家庭成员的房产、公积金缴纳、户籍和车辆等情况进行联合审查的要求，但由于信息系统的不完善，目前仍难以实现居民社保、房屋、公积金、车辆、纳税及银行存款等重要经济信息的共享，导致住房保障部门无法有效甄别虚假收入证明的问题。对于家庭住房状况的调查也仅限于办理了网签手续的商品住房，对于小产权房以及虽已购买但未办理网签手续住房的调查也仍然存在空白。

5. 轮候摇号制度有失公平

在当前政府筹集的保障性住房不能完全满足所有保障家庭租住保障性住房需求的背景下，住房保障家庭租住保障性住房都要经过轮候摇号环节，这是保障性住房在准入阶段的一个重要环节，也是体现保障性住房是否公平公正分配的重要环节。虽然目前各地的摇号都是在公开环境中进行，大部分由电脑随机抽取决定保障房分配给谁，且有公证部门、社会媒体的参与，但轮候摇号这一看似公平的分配方式确有其不公平之处。摇号不分老中青、不分人群类别、不分轮候时间长短、不分对住房需求紧迫与否，实际上也存在着一定程度的不公平。

6. 动态核查执行不到位

对被保障家庭建立严密的动态核查制度，是对保障性住房分配的后续管理的重要内容，这在2007年国务院九部委联合发布的《廉租住房管理办法》和2012年住房和城乡建设部发布的《公共租赁住房管理办法》中都有明确要求。内蒙古自治区在规范保障性住房分配管理中也对此多次提出要求，如2014年内蒙古自治区人民政府公布的《关于进一步加强保障性住房建设和分配管理的通知》中明确指出，要尽快建立年度动态审核机制，及时掌握保障家庭的保障房居住情况及收入财产变化情况，防止出现利用保障房谋利的情况，确保保障性住房分配的公平，公正。但在具体的执行过程中，由于受管理成本的限制，动态调查主要依赖保障家庭的自行申报，数据真实情况未能完全反映，管理效果大打折扣。

7. 保障性住房退出困难

保障性住房退出是保障性住房分配管理中不可或缺的环节。住房保障制度的初衷就是实现住房困难家庭的基本住房保障，随着保障家庭人口、收入、住房等情况的变化，一些不再符合住房保障条件的保障家庭需要及时退出，有进有出，才能确保保障性住房的可持续发展。虽然国家对保障性住房退出有明确要求，内蒙古自治区也先后出台了相关政策，要求不符合住房保障条件的保障家庭，在规定期限内腾退保障房，但在实际操作过程中存在以下问题：一是部分地区在保障房出租出售合同中未明确廉租住房退出条件和退出方式，导致退出无依据，退出机制难以落实到位。二是即使合同中有退出约定，由于保障性住房具有住房不动产的特征，保障性住房的承租人和购买人也不愿放弃既得利益，不愿主动腾退。住房保障管理部门没有有效的执行措施，只能依法向人民法院提起诉讼，由于诉讼程序复杂、周期长、需要一定费用，大部分地区不愿采取这种方式，且由于受到唯一住房强制执行困难的约束，导致保障房退出不及时，陷入"进容易退出难"的尴尬局面，保障性住房的持续运转面临问题。

（二）造成保障性住房分配不公平的原因

1. 缺乏翔实的摸底调查资料

任何政策的合理制定都依赖于对实际情况的准确掌握，保障性住房政策的制定也不例外，内蒙古自治区在这方面做了大量的基础工作。早在 2009 年，内蒙古自治区就对低保家庭的住房情况做过摸底调查，从而制定了"到 2011 年底实现人均住房建筑面积 15 平方米以下低保家庭应保尽保"的目标。从实施情况看，这一政策的制定有效地缓解了住房困难家庭的住房需求，提升了低保家庭的生活水平，得到了广大低保家庭的拥护和认可。近年来，随着自治区经济的快速发展，保障性住房扩面工作的启动，特别是自治区出台了将低收入住房困难家庭、各类人才、新就业人员、外来务工人员纳入保障范围的政策，在全区范围内进行详细的摸底调查工作就显得更加紧迫。底数清才能情况明，才能为决策提供有效的依据。摸清住房保障的需求底数，是实施住房保障的前提。很多地区就是由于缺乏对底数的了解，于是不敢贸然扩面、不敢创新突破，只能等待观望。

2. 法律法规制度尚不健全

依法治国是我国的基本治国方略，建设法治政府、依法行政是全面落实依法治国方略的重要内容，是我国各级政府施政的基本准则。然而目前，我国在住房保障领域还没有一部专门的法律，内蒙古自治区也尚未出台地区性住房保障法。我国住房保障方面的法规主要包括行政法规《住房公积金管理条例》，以及《廉租住房管理办法》《经济适用住房管理办法》《公共租赁住房管理办法》等部门的规章，在法律效力的层级上比较低，从长远来看，无法规范保障性住房分配政策，对在分配过程中存在的问题也缺乏处理依据。特别是在保障性住房分配过程中涉及申请人、行政、司法等多方主体时，仅仅依靠行政手新不仅作用有限，而且缺乏规范性和稳定性。

3. 居民信息共享机制尚未建立

在保障性住房分配中，不论是在准入环节对保障家庭相关情况的核查，还是在动态管理环节对保障家庭情况变动的核查，都需要掌握及时、准确的信息。信息不准确、不及时是准入人员甄别困难和动态核查执行不到位的主要原因。目前，内蒙古自治区保障性住房准入信息来源主要依赖于申请人提供的信息，在当前整体社会诚信体系尚未建立、信用缺失仍然存在的大背景下，仅仅依靠个人诚信确定保障对象是很难实现的，很容易出现虚报、瞒报情况。同时，在保障家庭入住保障房后，其收入情况、家庭人口情况、住房情况都可能发生改变，当上述情况发生改变超出保障范围后，保障人往往出于个人利益的考虑，不会主动退出保障房，这也需要各级住房保障部门及时掌握保障家庭的信息变动，确保不符合保障条件的家庭能够及时退出保障房。当前在内蒙古自治区内，公安、民政、税务、公积金、房产系统尚未实现联网，导致居民个人的户籍、住房、车辆、公积金、纳税等信息不能获取或获取不及时，甚至会出现信息错位和不一致的情况，增加了人员甄别和动态核查的难度，导致核查成本增高、效率低下，严重影响了保障性住房分配的公平、公正。

4. 工作机制不能满足工作需要

从政策执行理论角度看，政策的有效执行需有完备的工作机制，如果工作机构不健全、工作人员不能满足工作需要，政策就很难执行到位。当前，内蒙古自治区本级住房保障机构设在住房和城乡建设厅住房保障处，在编人员 3 名，借调 2 名，牵头负责全区保障性住房和城市棚户区改造的计划制定及下达、目标任务管理、相关政策制定以及监督管理等工作，人员严重不足。12 个盟市虽然均有住房保障的管理机构，但管理机构名称、性质、类型、规格却并不相同，大部分盟市的管理机构为设在建委、建设局（房管局）的科室，如包头市、呼伦贝尔市、兴安盟、通辽市、锡林郭勒盟、乌兰察布市、乌海市、巴彦淖尔市和鄂尔多斯市，还有部分盟市直接将房管局、建委作为管理机构，没有单独设立科室，如呼和浩特、赤峰和阿拉善盟。没有设立独立科室的住房保障管理机构，职能职责不具体，不利于住房保障管理工作的开展。从管理人员数量上看，一个盟市的管理机构平均只有 3 人，其中还有 1 人为临时聘用人员，一人兼多职，管理力量严重不足。在实施机构的设置上，兴安盟、锡林郭勒盟、乌兰察布市、乌海市和巴彦淖尔市 5 个盟市未成立盟市级实施机构。呼和浩特市、赤峰市和阿拉善盟由于没有独立的管理机构，虽然成立了实施机构，但实施机构同时也履行着管理的职能，既要从事行政管理又要组织实施，一方面容易造成工作不到位、顾此失彼，另一方面也不利于住房保障政策制度落实的有效监管。各旗（县、市、区）住房保障的管理和实施机构大部分是一个机构，全区 102 个旗县还有 28 个未成立实施机构，成立实施机构的旗（县、市、区）中有 16 个是临时机构，具体数据见表 8 - 3。

表8-3 内蒙古自治区住房保障机构建设状况调查汇总

机构\数量	机构数量(个)						工作人员数量(人)						未设立机构数量(个)
	合计	行政		事业		临时	合计	行政		事业		临时	
		独立	合署	独立	合署			专职	兼职	专职	兼职		
管理机构 地级城市	12	7	5	0	0	0	36	14	6	4	0	12	0
市辖区	19	7	9	2	1	0	108	14	20	23	33	18	2
县级城市	67	4	20	15	16	12	393	22	39	107	107	118	14
街道办事处	76	3	2	0	7	4	259	2	121	6	67	63	175
建制镇	9	3	2	0	0	4	27	3	9	4	3	8	140
小计:	183	24	98	17	24	20	823	55	195	144	210	219	331
实施机构 地级城市	7	0	0	7	0	0	157	87	0	1	54	15	5
市辖区	19	1	3	7	5	3	116	1	11	46	48	10	2
县级城市	55	2	4	12	24	13	225	6	27	67	117	75	26
街道办事处	215	15	24	0	20	156	494	2	81	14	150	247	36
建制镇	19	0	13	0	1		90	12	4	1	44	29	130
小计	315	22	44	27	50	173	1149	108	123	129	413	376	199
合计	498	45	142	43	74	194	1972	163	318	273	623	595	530

数据来源:根据《内蒙古统计年鉴》(2016)整理所得。

三、完善内蒙古自治区城镇保障性住房分配政策的建议

按照党的十九大报告中"坚持房子是用来住的,不是用来炒的定位,加快建立多主体供给、多渠道保障、租购并举的住房制度,让全体人民住有所居"的要求,积极稳妥地推进城市棚户区改造,进一步完善住房保障政策。

(一)加大资金投入力度

1. 加大政府的投入力度

目前,内蒙古自治区城镇保障性安居工程建设资金需求量增大,必须采取有效措施,切实加强资金保障。一是进一步调整中央代地方政府发行的债券使用方向,切实把中央关于优先用于保障性安居工程的精神落到实处。二是各级土地出让净收益用于保障性安居工程的比例不低于20%,对达不到要求的地区,相应扣减上级补助。三是各级政府适时调整预算安排,增加保障性安居工程资金投

入。四是对中央和自治区补助资金的分配要综合考虑各盟市财力强弱、任务轻重、实施效果三个因素，以财力因素为主，实施分类分档补助，进一步体现向财政困难地区、任务繁重地区和配套措施落实得好且成效明显的地区适当倾斜。

2. 完善对重点开发企业的扶持政策

对有实力、有信誉并在参与保障性安居工程建设中表现良好的房地产开发企业，在资质升级、信誉评定和诚信企业评选中予以优先考虑或加分照顾。区外开发企业和施工企业参与棚户区改造项目的，在市场准入审批上提供绿色通道。参与城市棚户区改造的开发企业在申请用地时，政府实行土地等级搭配供应措施，以开发价值大、回报率高的土地开发收益适当弥补棚户区改造资金的不足。

3. 完善租售并举办法

积极稳妥推进租售并举，探索廉租住房产权多样化，增加困难群众的财产性收入。各盟市、旗县可根据当地实际确定租售比例，宜租则租、宜售则售。符合条件的廉租保障家庭在自愿的前提下，可以按成本价或略低于成本价购买廉租住房，取得有限产权，购房款可以分期支付。廉租房的售价和分期付款办法，由当地政府依据保障家庭的经济承受能力和有利于回收资金、滚动用于廉租住房建设的情况合理确定。已售廉租住房暂不允许抵押和上市交易。实行租售并举的地区，政府要保留适当数量的房源，用以解决特困家庭的住房。

4. 积极支持各地尽早落实棚改贷款资金

继续积极推进政府购买棚改服务工作，主要是做好与农业发展银行的棚改贷款协调对接工作，继续争取国家开发银行及商业银行的贷款支持。同时，督促各地千方百计落实贷款项目资本金。

（二）加大项目统筹力度

保障性安居工程涉及盟市、旗县所在地及相当一部分建制镇，涉及城镇不同类型的中低收入住房困难家庭，也涉及城镇化的整体布局，必须注重统一规划，切实搞好项目统筹。

1. 以棚户区改造为龙头，统一规划、统一组织、统一实施

尽可能实行廉租住房、经济适用住房和普通商品房配建、套建，同步搞好基础设施配套建设，避免低收入家庭过度集中居住；呼、包、鄂等区域性中心城市，要根据需要与可能，统筹考虑公共租赁住房建设，解决新就业高校毕业生和农牧民工的住房问题；城镇管网道路、公益性设施的改造和建设要围绕着棚户区改造，突出重点，配套实施；对廉租住房保障对象中的鳏寡孤残人员尽可能通过社会福利机构安置，其廉租住房建设或租赁补贴资金可用于社会福利机构房屋扩建和改造。

2. 棚户区、危旧房改造与当地城镇化建设相衔接

工矿区、林区、垦区等各类棚户区和危旧房改造工程要与当地产业发展、就业安置及城镇化建设总体布局有序衔接。在旗县所在地以下建制镇实施的项目，要切实搞好统一规划和论证，在明确相关政策、尊重群众意愿的前提下，引导和支持将受益居民转移到旗县所在地安置。

3. 农村牧区危旧房改造与生态建设有机结合

农村牧区危旧房改造工程和游牧民定居工程要与生态移民和推进城镇化有机结合。引导和支持项目受益群众向城镇转移，在城市棚户区改造项目中统筹安置，并重点落实好扶持农牧民转移就业的各项政策措施。

（三）积极推进投资主体多元化

保障性住房建设和运营坚持政府主导与市场运作相结合，在政府主导下积极引入市场机制，实现投资主体多元化。保障性住房既可以由政府直接投资建设，也可以由社会机构和企业投资建设，遵循"谁投资、谁持有、谁经营、谁受益"的原则。

1. 保障性住房应由政府指定的住房保障实施机构承担

政府指定的住房保障实施机构既可以是公益性事业单位，也可以是非营利性社会组织，由政府向其注入一定资金，并通过整合政府持有产权的保障性住房及土地等其他资产，使其具备一定的融资能力，承担保障性住房资金筹措及房源筹集、管理、维护和运营工作，在通过市场化运营有效解决中低收入家庭住房困难的同时，实现国有资产保值增值。

2. 将 PPP 模式用于保障性住房的建设上

政府与企业或其他机构共同出资建设保障性住房。政府可采取贴息、注入资本金、土地作价入股、允许配建一定比例商业用房等支持性措施，引导和鼓励企业及社会力量参与保障性住房建设。

3. 其他主体独立投资筹集的保障性住房可享受政府的相关优惠政策

其他主体独立投资筹集的保障性住房，由投资人或其委托的机构负责管理和营运，在严格执行保障性住房相关政策的前提下，可享受保障性住房建设税费减免等相关优惠政策。

（四）因地制宜推进棚户区改造货币化安置

各地根据本地区商品住宅消化周期合理确定货币化安置的规模，对商品住宅库存量大、市场房源充足的三四线城市和县城基本实现货币化安置；对于商品住房去化周期低于 12 个月的地区，要加大新建安置房比例。

（五）提高公租房分配入住率

加快公租房建设进度，完善配套基础设施。扩大公租房保障范围，拓宽公租房申请渠道，启用内蒙古自治区住房保障管理信息系统，推广"一站式"办理，推行常态化受理机制，随时申请、随时受理。采取公租房预分配措施，提高公租房分配效率。

（六）健全工作机制，强化监督检查

自治区各有关部门要根据部门职责，健全部门协作机制，明确分工，密切配合，形成工作合力。各级政府是保障性安居工程的责任主体，要明确部门责任、具体措施，切实做到规划到位、资金到位、供地到位、政策到位、监管到位和分配公平，确保保障性安居工程顺利实施。要把各类棚户区改造与廉租住房、经济适用住房等保障性住房建设结合起来，把保障性安居工程建设与城镇化、城市总体规划及土地规划结合起来，编制保障性安居工程建设规划和年度工作计划，因地制宜地制定项目实施方案。要严格执行法定建设程序和技术标准规范，加强施工管理，确保工程质量。要优化新建安置住房的规划设计，在较小户型内实现基本的使用功能，满足基本居住需要。要按照节能、省地、环保的要求，推广新技术、新工艺、新材料和新设备。有关住房质量、建筑节能和使用功能等方面的要求，应在建设合同中予以明确。要加强监督检查，实施全方位监管，及时发现并解决实施保障性安居工程过程中出现的问题，坚决制止保障性安居工程建设中损害群众合法权益的行为。要采取多种形式，广泛宣传实施保障性安居工程的重要意义，准确解读政策措施，及时反映工作进展情况，为保障性安居工程建设营造良好的舆论氛围。

附　录

附录1

内蒙古自治区 2016 年城乡居民最低
生活保障标准一览表

地区	旗县（市、区）	城市保障标准（元/月）	农村牧区保障标准（元/年）	地区	旗县（市、区）	城市保障标准（元/月）	农村牧区保障标准（元/年）
呼和浩特市	平均标准	546	3744	兴安盟	平均标准	512	3385
	新城区	565	3744		乌兰浩特市	533	3959
	回民区	565	3744		阿尔山市	521	—
	玉泉区	565	3744		科右前旗	493	3429
	赛罕区	565	3744		扎赉特旗	498	3280
	土左旗	515	3744		科右中旗	493	3261
	托县	515	3744		突泉县	491	3348
	和林县	515	3744	通辽市	平均标准	590	4400
	清水河县	515	3744		科尔沁区	600	4500
	武川县	515	3744		霍林郭勒市	630	—
包头市	平均标准	580	5044		开发区	630	4600
	东河区	580	—		开鲁县	570	4500
	昆都仑区	580	—		科左中旗	570	4300
	青山区	580	—		科左后旗	570	4300
	石拐区	580	—		库伦旗	570	4300
	白云矿区	580	—		奈曼旗	570	4300
	九原区	580	—		扎鲁特旗	570	4500
	土右旗	530	5044	赤峰市	平均标准	498	3308
	固阳县	530	5044		红山区	555	4000

地区	旗县（市、区）	城市保障标准（元/月）	农村牧区保障标准（元/年）	地区	旗县（市、区）	城市保障标准（元/月）	农村牧区保障标准（元/年）
包头市	达茂旗	580	5044	赤峰市	松山区	498	3308
	稀土高新区	580			元宝山区	497	3495
呼伦贝尔市	平均标准	488	3500		阿鲁科尔沁旗	483	3190
	海拉尔区	520	3500		巴林左旗	498	3308
	扎兰屯市	500	3500		巴林右旗	498	3308
	牙克石市	500	3500		林西县	490	3460
	额尔古纳市	470	—		克什克腾旗	498	3308
	根河市	470	—		翁牛特旗	498	3308
	阿荣旗	500	3500		喀喇沁旗	498	3308
	莫旗	490	3500		宁城县	487	3195
	鄂伦春旗	470	3500		敖汉旗	501	3320
	鄂温克旗	500	3500	巴彦淖尔市	平均标准	508	3865
	新右旗	500	3500		临河区	521	3690
	新左旗	500	3500		五原县	490	3762
	陈旗	500	3500		磴口县	495	3546
锡林郭勒盟	平均标准	600	4500		乌拉特前旗 农村	521	3546
	锡林浩特市	604	7248		乌拉特前旗 牧区		3558
	阿巴嘎旗	598	4887		乌拉特中旗 农村	505	3474
	苏尼特左旗	608	5293		乌拉特中旗 牧区		4290
	苏尼特右旗	588	3819		乌拉特后旗	512	6144
	东乌旗	730	8760		杭锦后旗	501	3702
	西乌旗	608	5225	乌海市		585	
	太仆寺旗	525	3617	阿拉善盟	平均标准	622	5994
	镶黄旗	608	5091		阿左旗	621	5988
	正镶白旗	525	3751		阿右旗	621	6000
	正蓝旗	598	4569		额济纳旗	624	—
	多伦县	629	4823		阿拉善经济开发区	635	5760
	乌拉盖管理区	610	7320		腾格里经济技术开发区	620	5988
乌兰察布市	平均标准	500	3600				
	集宁区	511	4088				

续表

地区	旗县（市、区）	城市保障标准（元/月）	农村牧区保障标准（元/年）	地区	旗县（市、区）	城市保障标准（元/月）	农村牧区保障标准（元/年）
乌兰察布市	丰镇市	491	3678		满洲里市	570	—
	卓资县	508	3572		二连浩特市	640	—
	化德县	492	3313				
	商都县	507	3615				
	兴和县	480	3574				
	凉城县	491	3822				
	察右前旗	484	3607				
	察右中旗	492	3520				
	察右后旗	507	3582				
	四子王旗	514	3626				
鄂尔多斯市	平均标准	534	4968				
	东胜区	604	5040				
	达拉特旗	534	4968				
	准格尔旗	538	4968				
	鄂托克前旗	534	4968				
	鄂托克旗	534	4968				
	杭锦旗	534	4968				
	乌审旗	584	4968				
	伊金霍洛旗	634	5040				
	康巴什新区	559	4968				

附录 2

内蒙古自治区 2016 年特困人员供养标准一览表

地区	旗县（市、区）	农村牧区五保供养标准（元/年）		城镇"三无"人员供养标准（元/月）		地区	旗县（市、区）	农村牧区五保供养标准（元/年）		城镇"三无"人员供养标准（元/月）	
		集中供养	分散供养	集中供养	分散供养			集中供养	分散供养	集中供养	分散供养
呼和浩特市	平均标准	**8200**	**4800**	**1600**	**1200**	兴安盟	平均标准	**6427**	**3928**	**1230**	**918**
	新城区	8200	4800	1600	1200		乌兰浩特市	6427	3959	1230	918
	回民区	8200	4800	1600	1200		阿尔山市	—	—	1230	918
	玉泉区	8200	4800	1600	1200		科右前旗	6427	3928	1230	918
	赛罕区	8200	4800	1600	1200		科右中旗	6460	3932	1230	918
	土左旗	8200	4800	1600	1200		扎赉特旗	6427	3928	1230	918
	托县	8200	4800	1600	1200		突泉县	6427	3928	1230	918
	和林县	8200	4800	1600	1200	通辽市	平均标准	**8000**	**4500**	**870**	**620**
	清水河县	8200	4800	1600	1200		科尔沁区	8000	4500	870	620
	武川县	8200	4800	1600	1200		霍林郭勒市	8000	4500	870	620
包头市	平均标准	**8000**	**5889**	**1400**	**1000**		科左中旗	8000	4500	870	620
	东河区	8000	5000	1400	1000		科左后旗	8000	4500	870	620
	昆都仑区	—	9500	1400	1000		开鲁县	8000	4500	870	620
	青山区	—	8000	1400	1000		库伦旗	8000	4500	870	620
	石拐区	8000	5000	1400	1000		奈曼旗	8000	4500	870	620
	白云矿区	—	—	1400	1000		扎鲁特旗	8000	4500	870	620
	九原区	8000	5000	1400	1000		开发区	8000	4600	870	620
	土右旗	8000	5044	1400	1000	赤峰市	平均标准	**8000**	**4000**	**952**	**728**
	固阳县	8000	5044	1400	1000		红山区	8000	4100	952	728
	达茂旗	8000	5044	1400	1000		元宝山区	8000	4000	952	728
	稀土高新区	—	5500	1400	1000		松山区	8000	4000	952	728
呼伦贝尔市	平均标准	**7500**	**3900**	**784**	**560**		阿鲁科尔沁旗	8000	4000	952	728
	海拉尔区	7500	3900	784	560		巴林左旗	8000	4000	952	728
	扎兰屯市	7500	3900	784	560		巴林右旗	8000	4000	952	728
	牙克石市	7500	3900	784	560		林西县	8000	4000	952	728
	额尔古纳市	7500	3900	784	560		克什克腾旗	8000	4000	952	728

续表

地区	旗县 (市、区)	农村牧区五保供养标准 (元/年)		城镇"三无"人员供养标准 (元/月)		地区	旗县 (市、区)	农村牧区五保供养标准 (元/年)		城镇"三无"人员供养标准 (元/月)	
		集中供养	分散供养	集中供养	分散供养			集中供养	分散供养	集中供养	分散供养
呼伦贝尔市	根河市	—	—	784	560	赤峰市	翁牛特旗	8000	4000	952	728
	阿荣旗	7500	3900	784	560		喀喇沁旗	8000	4000	952	728
	莫旗	7500	3900	784	560		宁城县	8000	4000	952	728
	鄂伦春旗	7500	3900	784	560		敖汉旗	8000	4000	952	728
	鄂温克旗	7500	3900	784	560	锡林郭勒盟	东乌旗	16200	13200	1350	1200
	新右旗	7500	3900	784	560		西乌旗	11134	7669	1100	900
	新左旗	7500	3900	784	560		太仆寺旗	6750	3650	1300	900
	陈旗	7500	3900	784	560		镶黄旗	9450	6956	1400	1200
乌兰察布市	平均标准	8000	4000	1200	800		正镶白旗	7241	3831	1300	1100
	集宁区	8000	4200	1200	800		正蓝旗	9315	6600	1200	990
	丰镇市	8000	4000	1200	800		多伦县	11782	5000	1225	1025
	卓资县	8000	4000	1200	800		乌拉盖管理区	10530	8847	1100	900
	化德县	8000	4000	1200	800	巴彦淖尔市	平均标准	7323	4158	1130	770
	商都县	8000	4000	1200	800		临河区	7405	4243	1130	770
	兴和县	8000	4000	1200	800		五原县	7323	4158	1130	770
	凉城县	10008	4000	1200	800		磴口县	7323	4158	1130	770
	察右前旗	8000	4000	1200	800		乌拉特前旗	7065	4117	1130	770
	察右中旗	8000	4000	1200	800		乌拉特中旗	7323	4158	1130	770
	察右后旗	8000	4000	1200	800		乌拉特后旗	9413	6144	1130	770
	四子王旗	8000	4000	1200	800		杭锦后旗	7505	4443	1130	770
鄂尔多斯市	平均标准	8000	4968	1500	1100	乌海市		18000	13920	1500	1160
	东胜区	9000	6000	1500	1100	阿拉善盟	平均标准	9720	6480	1577	1339
	达拉特旗	8000	4968	1500	1100		阿左旗	9720	6480	1577	1339
	准格尔旗	8000	4968	1500	1100		阿右旗	9720	6480	1577	1339
	鄂托克前旗	10000	6000	1500	1100		额济纳旗	9720	6480	1577	1339
	鄂托克旗	8000	4968	1500	1100		阿拉善经济开发区	9720	6480	1577	1339
	杭锦旗	8000	4968	1500	1100						
	乌审旗	10000	6000	1500	1100		腾格里经济技术开发区	9720	6480	1577	1339
	伊金霍洛旗	10000	5040	1500	1100						
	康巴什新区	10000	7200	1500	1100	满洲里市		—	—	1230	930

地区	旗县（市、区）	农村牧区五保供养标准（元/年）		城镇"三无"人员供养标准（元/月）		地区	旗县（市、区）	农村牧区五保供养标准（元/年）		城镇"三无"人员供养标准（元/月）	
		集中供养	分散供养	集中供养	分散供养			集中供养	分散供养	集中供养	分散供养
锡林郭勒盟	平均标准	**9500**	**5000**	**1300**	**900**	二连浩特市		24000	19200	2000	1600
	锡林浩特市	12730	8250	1600	1400						
	阿巴嘎旗	11782	7826	1450	1200						
	苏尼特左旗	12406	5978	1100	900						
	苏尼特右旗	13254	8478	1200	1100						

附录3

内蒙古自治区人民政府关于加强社会
保险基金预算管理的意见

内政发〔2015〕134号　2015年12月6日

一、加强社会保险基金预算管理的重要意义

社会保险基金预算是根据国家预算管理和社会保险相关法律、法规及规定建立的,按规定程序审批通过的,反映各项社会保险基金收支的年度计划,是政府预算体系的重要组成部分。加强社会保险基金预算管理,对于贯彻落实社会保险和预算管理相关法律、法规及政策,强化社会保险基金管理和监督,确保社会保险基金收支平衡和安全完整,提高社会保险基金运行效益,维护人民群众切身利益和社会和谐稳定,具有十分重要的意义。各地区、各部门要进一步提高对加强社会保险基金预算管理重要性的认识,把社会保险基金预算管理放在更加突出的位置,切实加强组织领导,努力提高社会保险基金预算管理水平。

二、进一步提高社会保险基金预算编制水平

(一) 明确社会保险基金预算编制责任

社会保险基金预算草案要按照统筹层次和社会保险项目分别编制,做到收支平衡。旗县级以上地方各级人民政府是统筹地区社会保险基金预算草案编制主体。根据国家相关规定,社会保险基金预算草案的编制由统筹地区财政部门具体部署,财政、人力资源和社会保障、卫生计生部门联合组织编报。按照"谁经办谁具体编制"的原则,统筹地区所属社会保险经办机构会同社会保险费征缴部门具体编制社会保险基金预算报表。

(二) 规范社会保险基金预算编制程序

旗县级以上地方各级人民政府要早编、细编、实编预算,各级财政、人力资源和社会保障、卫生计生部门要提早谋划、及时布置社会保险基金预算草案编制工作。社会保险基金预算草案按统筹地区和统筹层次,自下而上,层层编制汇总,逐级审核上报。自治区统筹的社会保险项目预算草案的具体编制事项由自治

区财政厅会同自治区人力资源和社会保障厅、卫生计生委部署，地方各级人民政府按照国家和自治区规定的社会保险基金预算编制要求逐级上报。社会保险基金预算按照规定于每年第二季度启动下一年度预算编制工作。

（三）严格社会保险基金预算收支范围

各级社会保险基金预算编制包括收入预算和支出预算两部分。社会保险基金收入预算编制要综合考虑统筹地区上年基金收入预算执行情况、预算年度经济社会发展水平预测、社会保险政策变化、参保人数、缴费人数、缴费工资基数等因素。具体收入项目包括：社会保险费收入、财政补贴收入、利息收入、转移收入、上级补助收入、下级上解收入、其他收入等。

社会保险基金支出预算编制要按照规定的支出范围、项目和标准，综合考虑统筹地区上年基金支出预算执行情况、社会保险享受对象人数增减变动、预算年度经济社会发展情况、社会保障政策调整及社会保险待遇标准变动等因素。具体支出项目包括：社会保险待遇支出、社会保险非待遇性支出、转移支出及其他支出、补助下级支出、上解上级支出、其他支出等。社会保险待遇支出预算应根据上年度享受社会保险待遇对象存量、上年度人均享受社会保险待遇水平等因素确定，同时考虑本年度变动情况；社会保险非待遇性支出预算要严格执行社会保险政策和管理制度规定。

（四）强化社会保险基金预算审核和批复

统筹地区所属社会保险经办机构会同社会保险费征缴部门编制的社会保险基金预算报表，经同级人力资源和社会保障、卫生计生部门汇总初审，财政部门复审后，编制汇总成社会保险基金预算草案，报请本级人民政府审定后，提交同级人大审查和批准。社会保险基金预算经统筹地区人大审查和批准后，由同级财政、人力资源和社会保障、卫生计生部门按统筹层次联合批复下达，社会保险经办机构和社会保险费征缴部门具体执行。自治区统筹的社会保险项目，在各地区上报的基金预算数据基础上，自治区社会保险经办机构要结合统筹项目基金存量情况、扩面人数、待遇支付、参保人群、社会平均工资水平等因素，科学测算、审核各地区报送的数据。各级人民政府要严格审定社会保险基金预算草案，各级财政、人力资源和社会保障、卫生计生部门要规范审核程序、强化政策性审核，确保社会保险基金预算编制工作顺利完成。

三、加强社会保险基金预算执行管理

（一）认真做好预算的执行和监测

各统筹地区社会保险基金预算由本级人民政府组织执行。社会保险经办机构和社会保险费征缴部门要严格按照批准的社会保险基金预算执行，按月向同级财政、人力资源和社会保障以及卫生计生部门报告基金预算执行情况。各级财政、人力资源和社会保障、卫生计生部门要建立健全社会保险基金预算执行定期分析、通报、监测和预警制度，做好社会保险基金日常监测分析，动态掌握各项社会保险基金预算执行情况，及时发现问题，提前预警防范，切实增强社会保险基金预算执行的科学性、约束性，促进社会保险基金预决算的有效衔接，确保社会保险基金收支平衡及安全完整。

（二）严格执行社会保险基金预算调整程序

社会保险基金预算在执行过程中因特殊情况或重大政策因素确实需要调整的,要及时编制预算调整建议,并严格按照预算编制审批程序报批。社会保险费由税务部门征收的,社会保险费收入预算调整建议由社会保险经办机构会同税务部门提出。未经批准,社会保险基金预算不得调整。在社会保险基金预算执行中,因上级政府返还或者给予补助而引起的预算收支变化,不属于预算调整,但应及时将接受返还或补助的情况向本级人民政府和同级人大报告。

（三）做好社会保险基金决算的编制

社会保险基金决算要遵照社会保险基金财务和会计制度要求，按规定的范围、程序、格式、时间科学规范编制，做到收支数额准确、内容完整、报送及时。社会保险基金决算草案报本级人民政府审定后，提交同级人大常委会审查批准。社会保险基金决算经同级人大常委会批准后，财政部门要会同相关部门按规定程序及时批复。

四、强化社会保险费征缴管理

各级人民政府要严格执行社会保险基金收入预算，财政、人力资源和社会保障、卫生计生部门要不断加强社会保险费扩面征缴的政策完善和制度监管，社会

保险经办机构和社会保险费征缴部门依法按时足额核定、征收社会保险费，不断加大征缴力度，规范征缴程序，确保社会保险费应核尽核、应收尽收、应转尽转，不得违反规定免收、少收或多收社会保险费。用人单位未按时足额缴纳社会保险费的，要责令其限期缴纳或补足，严格按相关法律、法规及政策规定执行。社会保险费征缴部门不得接受参保的用人单位以现金和现金支票、远期票据、有价证券等形式缴纳社会保险费。对于信息化等条件受限的地方，社会保险费征缴部门应在确保基金安全的前提下规范征缴。社会保险经办机构和社会保险费征缴部门要加快信息化建设，确保社会保险费按规定及时转入财政社会保险基金专户，不得滞留、挪用。财政、人力资源和社会保障、卫生计生、税务部门要对社会保险费核定征收情况、用人单位和个人缴纳情况进行监督检查，发现问题及时依法依规予以纠正和处理。

五、规范社会保险基金预算支出管理

各级人民政府要严格执行社会保险基金支出预算，社会保险主管部门及经办机构要严格按照规定的项目和标准，及时足额支出社会保险待遇，任何组织和个人不得擅自变更支出范围、增减支出项目、调整支出标准。严格按照程序办理基金支付业务。基金支付一般不直接使用现金，基层服务网点也要逐步取消现金支付业务。切实做好参保人员享受社会保险待遇资格认证工作，防止有人通过伪造变造证明材料、冒用他人证件、隐瞒事实等欺诈手段骗取或协助骗取社会保险待遇，以及丧失领取社会保险待遇条件或资格继续领取社会保险待遇的现象出现。财政、人力资源和社会保障、卫生计生部门和社会保险经办机构、社会保险费征缴部门发现有关机构和个人存在骗取社会保险基金支出或待遇，以及隐匿、转移、侵占、挪用社会保险基金或者违规投资运营等违法行为时，应当依法严肃处理。

六、加强社会保险基金专户和结余管理

（一）进一步加强社会保险基金账户管理

社会保险基金要按照国家规定，纳入社会保险基金财政专户实行统一管理，并按险种分别建账，分账核算。各级财政部门应按照国家政策选择开户银行，开立社会保险基金财政专户，需报经财政部核准的，应按规定执行。社会保险支出户应按照公开、公平、公正的原则，在同级财政、人力资源和社会保障、卫生计

生部门共同认定的国有（或国有控股）银行开设，在财政部门备案，每年需进行年检。社会保险经办机构、财政部门、开户银行、税务机关要定期对账，确保账账、账款、账表相符。

（二）进一步加强社会保险基金利息收入管理

各社会保险基金开户银行（包括财政专户、支出户的开户行）要严格落实社会保险基金存款优惠利率政策，及时结存利息。各项社会保险基金要分别计息、分别核算，并将利息收入及时计入相应险种账户，纳入社会保险基金管理。各级财政、人力资源和社会保障、卫生计生、金融监管部门要加强对社会保险基金银行开户和执行优惠利率情况的监督检查。

（三）进一步加强社会保险基金结余管理

社会保险基金结余在留足发放、确保安全的情况下，按照相关法律法规规定实现保值增值。任何组织和个人不得动用社会保险基金平衡政府财政预算、违规投资运营，不得用于人员经费、运行费用、管理费用，或者违反法律、法规规定挪作其他用途。财政、人力资源和社会保障、卫生计生部门要在保证基金安全的前提下，努力实现收益最大化，加强对结余基金存储形式、存储银行、存储数额、存储期限及收益等情况的监督检查，及时发现问题并按规定作出处理。

七、建立社会保险基金预算考核和分担机制

（一）建立社会保险基金预算管理考核机制

自治区建立对各盟市的基金预算考核机制。考核采取定性和定量相结合、日常考核和年终考评相结合的方式。考核内容主要包括：社会保险基金预决算的编制、预算执行、预算监督管理等情况。综合运用考核成果，建立健全社会保险基金预算激励与约束机制，确保预算执行效果。

（二）建立社会保险基金缺口分担机制

自治区统筹的社会保险项目，按照保发放与保稳定相结合、上级补助与落实地方政府投入责任相结合的原则，建立社会保险基金收支缺口各级政府分担机制。各级人民政府是社会保险扩面征缴、清欠、基金收支兜底和基金安全运行的责任主体。自治区根据各地区基金征缴任务完成情况、待遇调整、地方预算安排、基金结余等情况，对盟市给予适当补助。严格落实地方人民政府支出责任，

从 2016 年开始，按国家和自治区相关政策规定编制基金预算时的预算收支缺口，以及预算执行中因国家、自治区出台新的增支因素或者因不可抗力造成收入短收而形成的缺口，由自治区与盟市按一定比例分级负担，分担比例可根据统筹项目基金结余情况和经济发展水平适时调整，国家如有规定的，按国家政策规定执行；具体分担办法由自治区相关部门另行制定。对于因未完成基金预算收入形成的短收、地方自行制定政策因素形成的缺口，自治区不予补助。将审计部门、基金监督行政部门查处的基金违规违纪问题、整改落实情况与自治区社会保险补助资金挂钩，建立社会保险基金预算管理考评结果与对盟市补助资金挂钩的激励机制。

八、建立社会保险基金预算监督和责任追究制度

（一）加强基金预算内控制度建设

各级社会保险经办机构、社会保险费征缴部门要建立健全业务、财务、安全和风险管理制度，不断完善内部控制制度，形成有效的监督约束机制。加强社会保险费核定、征缴的稽核，完善经办流程，规范经办行为，努力建立运作规范、管理科学、监控有效、考评严格的内部监督控制体系。财政、人力资源和社会保障、卫生计生等部门要定期对社会保险经办机构、社会保险费征缴部门核定、征缴社会保险费的情况进行监督检查，确保社会保险基金征收、支付各环节合法合规。

（二）加强社会保险基金预算联网监管

积极推进社保基金联网监管，加快建立覆盖全区、涵盖多险、连通经办、功能完备、安全可靠的"五险合一"社会保险管理信息共享平台，连接社会保险基金行政管理部门、经办机构、金融、税务等部门，支持多险种业务管理和基础数据分析，全面提升社会保险基金预算分析预测能力和业务管理水平，提高全区社会保险预算管理精细化、服务经办规范化、监督考核标准化、宏观决策科学化水平。

（三）建立多方联动社会保险基金预算监督机制

社会保险基金预算管理工作应自觉接受人大监督、政协监督、纪检监督、社会监督、司法监督和审计监督；引导群众积极参与监督，自觉接受参保人员、用人单位、专家学者等各方人士的社会监督。鼓励社会组织和个人对违反社会保

法律、法规的行为进行举报、投诉。相关管理部门要及时受理群众举报，加强对案件的查处和督办，及时化解基金风险。

社会保险基金预算管理是一项系统工程，各相关部门要明确职责、各司其职，加强沟通、密切配合，互相支持、相互协作，上下联动、群策群力，确保社会保险基金预算各个环节规范有序、相互衔接，坚决杜绝部门之间相互推诿，实现预算数据的合理性、预算管理的科学性、收支管理的能动性，保证基金预算工作顺利进行。各统筹地区要结合实际，认真贯彻执行本意见精神，做好社会保险基金预算管理工作，切实抓好年度社会保险基金预算编制、执行、调整和决算工作，抓紧建立本地区社会保险基金预算绩效考核和激励约束机制，稳步推进社会保险基金预算管理各项工作。

附录4

内蒙古自治区人民政府关于建立统一的城乡居民基本医疗保险制度的实施意见

内政发〔2016〕122 号　2016 年 11 月 1 日

一、基本原则和目标任务

（一）基本原则

坚持全覆盖、保基本、多层次、可持续，促进医疗保障水平与经济社会发展水平相适应；坚持筹资待遇相关联、权利义务相对等，实现城乡居民公平享有基本医疗保险待遇；坚持医疗、医保、医药"三医"联动；坚持基本医保、大病保险、医疗救助、商业健康保险等制度有效衔接；坚持以收定支、收支平衡、略有结余的原则，确保医保基金安全平稳运行；坚持总体规划、统筹城乡、整合资源、提高效率，建立统一的城乡居民基本医疗保险制度。

（二）目标任务

整合城镇居民医保和新农合资源，建立统一的城乡居民基本医疗保险管理体系，实现覆盖范围、筹资政策、保障待遇、医保目录、定点管理和基金管理的"六统一"，建立起符合区情、统筹城乡、惠民高效、公平可及的城乡居民基本医疗保险制度，最大程度惠及参保居民。2017 年 1 月 1 日，各统筹地区实行统一的城乡居民基本医疗保险制度。

二、参保范围和统筹层次

（一）参保范围

在自治区行政区域内不属于职工基本医疗保险参保范围的城乡居民，包括农村牧区居民、城镇非从业居民、各类全日制学校在校学生、学龄前儿童、国家和自治区规定的其他人员，应参加统筹地区城乡居民基本医疗保险。参保人员不得同时参加城乡居民基本医疗保险和职工基本医疗保险，不得重复享受医疗保险待遇。

建立自治区内异地参保制度，在区内非户籍地取得自治区居住证的城乡居民，可自愿选择户籍所在地或居住地参保，享受与居住地参保人员相同的医疗保险待遇。参保地盟市、旗县（市、区）财政应比照本地参保人员标准给予补助。在户籍地已参保的人员可通过办理医保关系转移接续手续实现在居住地参保。

（二）统筹层次

城乡居民基本医疗保险实行盟市级统筹，以盟市为单位统一筹资方式、待遇政策、基金管理、服务监管、经办流程和信息管理。积极探索自治区级统筹。

三、基金筹集

在精算平衡的基础上，逐步建立与经济社会发展水平、各方承受能力相适应的稳定筹资机制。

（一）基金征缴

城乡居民基本医疗保险基金按照个人缴费、政府补助相结合为主的筹资方式筹集，鼓励集体、单位或其他社会经济组织给予扶持或资助。统筹区域内统一筹资、待遇支付标准，建立正常调整机制。可以个人、家庭或学校（幼儿园）为单位参保缴费。城乡居民基本医疗保险按照自然年度计算参保周期，实行年预缴费制度，每年9月至次年2月为缴费期，收缴下年度个人参保费用。

地税部门负责城乡居民基本医疗保险费的征缴工作，具体征缴办法由地税部门会同有关部门另行制定。苏木乡镇人民政府、街道办事处及其下辖嘎查村委会、居民委员会协助地税部门做好辖区城乡居民医疗保险费代收代缴工作。基层劳动保障站（所）、苏木乡镇卫生院、嘎查村卫生室协助开展政策宣传、咨询查询等服务。鼓励有条件的地区实行社会保障卡代扣的缴费模式。

（二）财政补助

自治区财政补助标准和转移支付方式由自治区人民政府根据经济社会发展情况适时调整。各级人民政府要将城乡居民基本医疗保险补助资金纳入年度财政预算安排，并按照国家和自治区有关规定确保财政补助资金及时足额拨付到位并转入基金专户。

在国家规定的财政补助资金中，除中央财政补助外，自治区按各地财力分类分档给予补助。2016年自治区补助基数为一类地区43元、二类地区60元、三类地区 77 元，以后每年在此基础上，对当年增加部分，一类地区补助 30%、二类地区补助 50%、三类地区补助 70%，其余部分由盟市、旗县（市、区）财政分级承担。地区财力分类，按自治区财政专项转移支付地区分类确定。

（三）个人缴费

逐步建立个人缴费标准与城乡居民人均可支配收入相衔接的动态调整机制。合理划分政府与个人的筹资责任，在提高政府补助标准的同时，适当提高个人缴费比重。统一城乡居民基本医疗保险制度后，具备条件的统筹地区可统一确定个人缴费档次。暂不具备条件的可分别确定两个缴费档次，实行不同的待遇水平。城镇居民原则上应选择标准高的档次缴费，农村牧区居民可自愿选择其中一个档次缴费，2~3 年实现缴费标准和待遇水平的全部统一。

享受最低生活保障的居民、丧失劳动能力的残疾人、低收入家庭 60 周岁以上的老年人和未成年人等，参加城乡居民基本医疗保险所需个人缴费部分，由地方人民政府予以补贴，补贴标准按照原政策执行。符合政策规定的建档立卡贫困人口，参加城乡居民基本医疗保险个人缴费部分，由财政给予补贴。特困人员、纳入特困人员救助供养范围的儿童参保费用，由地方人民政府给予全额资助。

（四）新生儿参保

新生儿父母任意一方参加自治区内基本医疗保险并按规定缴费的，新生儿出生前在父母任意一方参保地办理参保登记手续，即视同新生儿参加城乡居民基本医疗保险，免缴当年参保费用，发生的医疗费用可通过登记地城乡居民基本医疗保险基金予以报销，次年以新生儿本人身份缴费参保。

四、医疗保险待遇

各地区要确保城乡居民基本医疗保险总体待遇水平不降低，并逐步建立与经济社会发展相适应的医疗保险待遇动态调整机制，逐步提高城乡居民医疗保险保障水平。大力推广应用蒙医药中医药和蒙医中医适宜技术，并向蒙医中医倾斜政策。

（一）门诊统筹

各地区要逐步建立城乡居民基本医疗保险门诊统筹制度，门诊统筹包括普通门诊和门诊特慢病等。根据基金总量合理确定门诊就医人数占比、起付标准、支付比例以及最高支付限额等指标。普通门诊支付比例不低于 50%。苏木乡镇卫生院、嘎查村卫生室、城市社区卫生服务中心（站）可作为门诊统筹协议管理医疗机构，为参保居民提供门诊就医服务。

（二）住院保障

各统筹地区政策范围内住院医疗费用平均支付比例保持在75%左右，最高支付限额要达到当地城镇居民人均可支配收入的6倍以上。合理控制目录外费用，逐步缩小政策范围内支付比例与实际支付比例的差距，建立待遇水平与缴费标准相衔接的动态调整机制。将参保城乡居民生育医疗费用纳入城乡居民基本医疗保险支付范围，享受分娩财政补助政策的，其财政补助后剩余生育医疗费用由城乡居民基本医疗保险基金按规定报销。积极推行分级诊疗管理，适当拉开不同层级医疗机构住院统筹基金起付标准和支付比例差距，实行向上转诊提高自付比例，提高幅度一般不低于5%，引导城乡居民在基层医疗机构就医就诊。

（三）大病保险

各地区要按照《内蒙古自治区人民政府办公厅关于全面实施城乡居民大病保险的实施意见》（内政办发〔2015〕102号）规定，突出"保大病"原则，加强与商业保险公司的合作，通过政府交易平台选择商业保险公司，建立健全城乡居民统一的大病保险制度，逐步提高筹资标准和待遇水平，大病保险待遇向困难患者和大病患者倾斜。引导和鼓励商业保险机构开发与基本医疗保险、大病保险相衔接的商业保险产品，参与经办意外伤害医疗保险等业务，共同构建多层次保障体系，切实减轻参保居民的大病医疗费用负担。

（四）健康扶贫

落实国家和自治区健康扶贫工程有关政策，对符合健康扶贫工程相关政策规定的人员在住院报销、门诊统筹和大病保险等方面实行政策倾斜。在做好最低生活保障家庭成员、特困人员医疗救助的基础上，逐步将低收入救助对象和因病致贫家庭重病患者纳入医疗救助和重特大疾病医疗救助范围。最低生活保障家庭成员和特困人员，在协议管理的医疗机构发生的政策范围内住院费用，经基本医疗保险、城乡居民大病保险及各类商业补充医疗保险报销后，个人负担的费用在年度救助限额内按不低于70%的比例给予救助。

五、医保管理和经办服务

（一）统一基本医疗保险目录

城乡居民基本医疗保险实行全区统一的基本医保药品目录、诊疗项目和医疗服务设施标准，由自治区人力资源和社会保障厅依据国家规定会同有关部门制定，并建立动态调整机制。

（二）医保关系转移接续

进一步完善基本医疗保险关系转移接续办法，做好管理服务工作，实现不同医保制度之间在缴费年限、待遇享受等方面相互衔接，保障参保居民跨统筹地区或跨制度转移基本医保关系的合法权益。基本医疗保险关系转移接续具体办法由统筹地区制定。加快推进和完善区内异地就医直接结算，依托国家异地就医直接结算平台，2017 年底前建立跨省异地就医直接结算机制。

（三）医保服务机构管理

各统筹地区要根据城乡居民基本医疗保险管理服务的实际和参保人员就医需要，合理确定本统筹地区协议管理的医药服务机构，不断完善协议管理，加强日常监督检查，实行动态管理，全面推进智能监控管理，做到宽进、严管、劣退。建立城乡居民基本医疗保险信用等级评定制度，纳入协议管理的医药机构、医保执业医师、医保经办机构和参保居民应规范参与城乡居民基本医疗保险管理和服务，自觉履行诚信义务。

（四）推进付费方式改革

各地区、各有关部门要按照全区医药卫生体制改革统一部署，推进分级诊疗、签约服务、日间手术、临床路径等医改政策的落实。全面推行总额预算付费管理下的按病种（病组）付费、按人头付费、按床日付费等支付方式改革，完善医疗机构补偿机制，引导医疗机构主动控制成本，规范诊疗行为。鼓励经办机构与协议管理的医疗机构开展谈判协商，建立风险分担和激励约束机制，充分调动医疗机构和医务人员合理控制医疗费用的积极性。

（五）加强信息化建设

按照"标准统一、资源共享、数据集中、服务延伸"的原则，整合城乡居民基本医疗保险信息网络和数据资源，逐步建立全区统一的城乡居民基本医疗保险信息系统，加快建立覆盖全区各盟市、旗县（市、区）、苏木乡镇（街道办事处）、嘎查村（社区）的服务网络，做好城乡居民基本医疗保险信息系统与医疗救助、大病保险、疾病应急救助、商业补充医疗保险、协议管理的医药机构等信息管理平台的互联互通，逐步实现"一站式"信息交换和直接结算。全面开展第二代社会保障卡制发和应用工作，已经发放的居民健康卡可以与社会保障卡并行使用，逐步与社会保障卡互通融合。

六、基金管理和监督

（一）统一基金管理

将城镇居民医保和新农合基金合并为城乡居民基本医疗保险基金，基金管理执行国家统一的财务制度、会计制度和预决算管理制度。城乡居民基本医疗保险基金用于参保城乡居民住院、门诊统筹和购买大病保险等支出，不得用于支出经办机构工作经费等。基金纳入财政专户，独立核算，实行"收支两条线"，任何单位和个人不得挤占挪用。各级人民政府要加大对经办机构的经费保障力度，由政府另行安排资金的公共卫生服务项目、特殊人群福利待遇等，不得从城乡居民基本医疗保险基金中支付。

（二）提高基金使用效率

城乡居民基本医疗保险基金预算和决算按国务院社保基金预算管理相关文件规定程序编制、审批。合理控制基金结余率，当年结余原则上控制在当年基金收入总额的15%以内。要在完善医保基金总额预算管理的基础上，合理分配基金支出结构，扣除必要的结余，门诊支出基金所占比例控制在当年基金支出的15%以内。

（三）加强基金监督

建立风险预警机制，对基金运行实行动态分析和监控。各盟行政公署、市人民政府要制定基金监督办法，成立由政府部门、人大代表、政协委员、协议管理机构、参保居民、专家等参加的城乡居民基本医疗保险基金监督委员会，对基金的筹集、运行、使用和管理进行监督。人力资源和社会保障部门要对基金的收支、管理和投资运营情况进行检查，定期向社会公布基金收支使用情况。各级财政、审计部门要按照各自职责，对城乡居民基本医疗保险基金的收支、管理和投资运营情况进行监督。

七、组织领导

建立统一的城乡居民基本医疗保险制度，是全面深化改革的重要内容，各级人民政府要高度重视，切实加强组织领导，周密部署，明确责任，抓好落实，确保工作平稳、有序推进。各有关部门要从全局出发，各司其职，通力合作，确保新制度平稳运行。进一步完善联合工作机制，建立工作调度和定期通报制度，协调解决新制度建立与运行中出现的新情况、新问题，重大问题及时向自治区人民政府报告。

各地区、各有关部门要积极推动"三医联动"，充分发挥医保在医疗、医药资源合理配置与科学使用中的杠杆作用，逐步建立起权责一致、共同促进的管理体制。自治区人力资源和社会保障厅负责管理全区城乡居民基本医疗保险工作。统一基本医疗保险行政管理和业务经办机构职能，各盟市、旗县（市、区）人力资源和社会保障部门负责本地区城乡居民基本医疗保险的具体管理和业务经办工作，要整合现有城镇居民医保、新农合经办资源，加强经办机构建设，完善内外部监督制约机制，加强业务培训和绩效考核，合理配置资源，优化队伍结构，提升业务技能，实现精细化管理，为群众提供规范、优质、高效、便捷的服务。各级卫生计生行政部门要加强对医疗机构的管理工作，进一步规范医务人员诊疗行为，重点加强对用药、耗材、大型医学检查等行为的监管。强化医疗机构内控制度，提高内部运行效率，建立医疗机构和医务人员规范诊疗行为的内在激励机制，有效控制医疗费用不合理过快增长。

附录 5

内蒙古自治区人民政府办公厅关于 2016 年全区社会救助标准有关事宜的通知

内政办发〔2016〕23 号　2016 年 3 月 11 日

一、严格执行审核确定的救助标准

各盟市要尽快将自治区人民政府审定后的社会救助标准下发所属旗县（市、区），及时向社会公布并严格执行。本年度内，再次调整社会救助标准必须按有关程序上报，经自治区人民政府批准后执行。各旗县（市、区）在 2016 年 3 月底前按照新的标准将资金补发完毕，各盟市民政部门在 5 月底前对新标准执行和资金发放情况进行检查，并将检查结果报送自治区民政厅，自治区将组织相关部门对各盟市和旗县（市、区）落实情况进行督查。

二、强力推进精准救助

各盟市要切实加强城乡低保规范管理工作，着力推进精准救助。一是要尽快制定低保对象综合认定标准，完善低保对象家庭收入和财产状况认定办法，对低保对象进行精准认定，确保实现应保尽保、应退尽退；二是规范最低生活保障申请、审核、评议、审批和信息公示工作程序，确保每个工作环节均按政策规定落实到位；三是要认真抓好按户施保工作，提高本地区按户施保水平，到 2016 年底，按户施保比例要达到全国平均水平（城市户均保障 1.78 人，农村牧区户均保障 1.72 人），确保实现按户施保；四是盟市本级要按照"三书、四表、两记录"要求，抓紧统一本地区低保档案内容，督促所属旗县（市、区）抓紧完善档案内容，确保实现一户一档、有据可查；五是着力加强基层经办能力建设，要按照低保对象数量、服务半径等因素配备具体经办人员，将社会救助工作经费纳入地方财政预算，确保"求助有门、受助及时"。

三、认真做好农村牧区最低生活保障与扶贫开发政策衔接

各盟市要高度重视农村牧区最低生活保障与扶贫开发政策衔接工作，抓紧制

定出台两项政策衔接工作方案，加大对需要纳入救助范围的扶贫对象的审核力度，将符合政策条件的扶贫对象有序纳入农村牧区低保范围，将扶贫对象中未纳入低保的大病患者、长期慢性病患者逐步纳入医疗救助范围，确保实现社会救助兜底保障。

四、加快推进最低生活保障城乡统筹

各盟市要进一步提高对加快推进最低生活保障城乡统筹的思想认识，在有条件的地区积极开展城乡统筹工作，将此项工作作为破解城乡二元结构，保障城乡困难群众在申请最低生活保障方面权利公平、机会公平、规则公平的重要举措，逐步实现最低生活保障政策制定和实施主体、保障标准的制定和调整、救助申请审核审批程序、资金物资保障机制、监督管理和法律责任城乡统一。自治区在继续抓好锡林郭勒盟、满洲里市低保城乡统筹试点工作的基础上，将鄂尔多斯市、乌海市、阿拉善盟和二连浩特市纳入低保城乡统筹试点范围，加大分类指导力度，有序推进全区低保制度城乡统筹。

五、全面实现家庭经济状况核对

2016 年 6 月底前，各盟市要制定与所属旗县（市、区）开展家庭经济状况数据比对的工作规程。盟市本级负责开展跨旗县（市、区）的数据核对，与社保、户籍、车辆、房产、财政、编办、住房和城乡建设、工商、税务、残联、扶贫、公积金等相关部门实现数据共享，定期向自治区推送核对数据。旗县（市、区）作为开展家庭经济状况核对的责任主体，要依托家庭经济状况核对平台，对新申请和已保对象家庭收入和财产状况进行精准核对，对本地区业务部门没有信息数据的，及时向上级民政部门推送核对数据进行核对。通过政府购买服务，引入社会力量参与家庭经济状况核对，解决现阶段基层核对经办能力不足的问题。

六、强化资金管理，确保按时发放

各盟市要主动适应经济发展新常态，积极调整资金支出结构，优先保障各项社会救助资金支出。自治区民政厅、财政厅上半年对各盟市 2015 年度城乡低保工作进行绩效评价。对于困难群众占城乡人口比例合理、工作任务完成较好、规范管理水平较高地区，将加大支持力度。各盟市要加强资金管理，专账管理、专户核算、专款专用，确保城市低保资金在当月 10 日前、农村牧区低保和五保资金在当季初月 10 日前足额发放到困难对象手中。

七、开展监督检查，强化考核问责

各盟市要将社会救助工作纳入所属旗县（市、区）领导班子"三位一体"实绩考核指标中，科学制定考核指标体系，完善考核评价机制，强化考核结果运用，推动各项社会救助政策有效落实。定期组织开展对本地区各项社会救助工作的监督检查，严格落实《内蒙古自治区城乡居民最低生活保障工作监督检查及责任追究办法》，进一步明确责任，严肃工作纪律。特别是对审计署太原特派办审计后再次发生类似问题的地区，自治区将按照有关规定严肃问责，确保将中央和自治区的各项惠民政策落实到位。

附录6

内蒙古自治区居家养老服务管理办法

内政办发〔2015〕132号　2015年12月14日

第一章　总则

第一条　为满足居住在家庭老年人的社会化服务需求，提高老年人的生活质量，规范全区居家养老服务，根据《内蒙古自治区人民政府关于加快发展养老服务业的实施意见》（内政发〔2014〕57号）要求，现制定本办法。

第二条　本办法所称居家养老服务是指老年人以家庭照料为基础，以城乡社区为依托，以社会保障制度为支撑，在政府主导下，由政府提供基本公共服务，企业、社会组织、养老机构提供专业化服务，基层群众性自治组织和志愿者提供公益互助服务，满足居住在家庭老年人生活护理、心理咨询、精神慰藉等多种养老服务需求的模式。

第二章　服务内容

第三条　居家养老服务应当以居住在家庭老年人的服务需求为导向，坚持自愿选择、就近便利、安全优质、价格合理的原则。居家养老服务主要包括以下内容：

（一）为老年人提供社区老年餐桌、定点餐饮、自助型餐饮配送、开放单位食堂等用餐服务。

（二）为老年人提供体检、医疗、护理、康复等医疗卫生服务。

（三）为失能老年人提供家庭护理服务。

（四）为失能、高龄、独居老年人提供紧急救援服务。

（五）依托社区老年人日间照料中心、托老所等为老年人提供生活照料服务。

（六）为老年人提供家庭保洁、助浴、辅助出行等各类家政服务。

（七）为独居、高龄老年人提供关怀访视、生活陪伴、心理咨询、不良情绪干预等精神慰藉服务。

（八）开展有益于老年人身心健康的文化娱乐、体育健身活动。

第四条　老年人的子女及其他依法负有赡养扶助、扶养义务的人，应当履行对老年人经济上供养、生活上照料和精神上慰藉的义务。除政府提供的公共服务和政府购买服务之外，需要提供社会化服务的，老年人家庭及子女根据服务项目的内容和数量，承担相应费用。

第三章　服务对象

第五条　鼓励倡导开展养老志愿互助服务；支持社会组织开展养老公益服务；引导社会力量开展居家养老专业化、社会化、市场化服务。

第六条　具有自治区户籍且常住的老年人，各地区依据财力逐步纳入本地区购买养老服务范围：

（一）城镇"三无"人员、文革"三民"人员、农村牧区"五保"人员、重度残疾的老年人。

（二）居住在家庭的60岁（含）以上享受低保的老年人。

（三）居住在家庭的60岁（含）以上的计生特扶（失独）老年人。

城镇"三无"人员、文革"三民"人员、农村牧区"五保"人员、享受低保老年人由旗县（市、区）民政局认定。计生特扶老年人由旗县（市、区）卫生计生部门认定。购买养老服务所需资金，由本地区财政承担。有条件的地区可适当扩大服务保障范围。

第四章　服务中心职责

第七条　社区养老服务中心和12349便民为老服务中心，应当是依法经民政部门核准登记的民办非企业单位，具体承担居家养老服务工作。具有与其业务范围相适应的管理人员、服务人员、经营场所、基础设施和设备，对服务项目实行明码标价，实施公开承诺服务。

第八条　服务人员具有合法的劳动从业资格和良好的职业道德，遵纪守法、熟悉居家养老服务程序和规范要求，具有符合工作岗位要求的文化程度、健康状况证明及语言表达能力，无精神病和传染病史，尊老敬老、富有爱心、宽容忍让。

第九条　社区养老服务中心（含12349便民为老服务中心）工作任务：

（一）发布服务需求信息、服务供给信息，组织养老服务的供需对接。

（二）根据服务对象需求，安排工作人员或协调有关组织、单位，上门为居家老年人提供助餐、助浴、助洁、助急、助医等定制服务。

（三）接受服务对象的服务信息反馈，检查监督服务人员的服务质量。

（四）加强对所属服务人员的管理和职业道德教育，定期组织培训，不断提高服务人员的服务技能。

（五）建立老年人养老状况信息库和服务台账。

（六）承担民政部门委托的其他养老服务事项。

第五章　政府及部门职责

第十条　各地区在居家养老服务中应当履行下列职责：

（一）将养老服务业纳入国民经济和社会发展规划及年度计划。

（二）将养老服务业经费列入财政预算，自治区和盟市应将福利彩票公益金总额 50% 以上的资金用于支持发展养老服务业，设立购买养老服务专项资金，建立与老年人口增长和经济社会发展水平相适应的财政保障机制。

（三）完善与居家养老相关的社会保障制度；统筹规划、按标准配置社区养老设施；在制定城市总体规划、控制性详细规划时，必须按照人均用地不少于 0.15 平方米的标准，分区分级规划设置养老服务设施。凡新建城区和新建居住（小）区，要按标准要求配套建设养老服务设施，并与住宅同步规划、同步建设、同步验收、同步交付使用；凡老城区和已建成居住（小）区无养老服务设施或现有设施没有达到规划和建设指标要求的，要限期通过购置、置换、租赁等方式开辟养老服务设施，不得挪作他用。社区配建的养老设施出租用于其他用途的，应当收回用于养老服务。托老所和老年活动场（站）的规划建设、配置标准、资金筹措、产权归属、移交方式、运营监管等由旗县（市、区）依法规定。在城乡社区配置的托老所和老年活动场（站）应参照《社区老年人日间照料中心建设标准》（建标〔2010〕193 号）执行。

（四）培育养老服务产业，完善扶持政策，引导、鼓励企业和社会组织开展居家养老服务。

（五）制定服务规范和标准，加强养老服务市场监管和居家养老信息网络建设，建立公安和计生特扶人口基础数据与居家养老信息网络的共享机制。

（六）加强对居家养老服务工作的统筹协调，明确各相关部门的职责、任务、完成期限，完善工作机制，加强监督检查和绩效考核。

（七）应当完善基本养老保险、基本医疗保险和最低生活保障及高龄津贴等社会保障制度，并根据国民经济和社会发展情况，逐步提高老年人的社会保障水平。

（八）应当整合社会资源，制定鼓励政策，引导企业事业单位和个人将居住区附近闲置的场所和设施，用于开展居家养老服务；引导机关、团体、企业事业单位开放所属场所，为附近社区的老年人提供服务；引导农村牧区依托嘎查村、较大自然村，利用嘎查村委会、农家院、撤点并校后的空置房屋等场所，建设托老所、老年活动场（站）等养老设施，开展居家养老服务。

（九）应当制定政策，支持、引导商业保险机构开发长期护理保险，为失能老年人提供长期护理保障。

（十）应当建立评估制度，对特殊困难老年人的家庭经济情况、身体和康复状况、养老服务需求进行评估；对符合条件的低收入、失能、失独等特殊困难老年人和残疾人给予居家养老服务补贴，根据需要进行家庭无障碍设施改造，配备生活辅助器具。

（十一）将养老服务人才队伍建设纳入人才教育培训规划，推进养老服务职业教育，完善养老服务专业人才的评价和激励机制。推进养老服务人才队伍的职业化、专业化建设，培养具有职业素质、专业知识和技能的居家养老服务工作者。从事养老服务的企业和社会组织应当吸纳养老专业人才、康复技师，并对从事养老服务的员工进行职业技能培训。

第十一条 苏木乡镇（街道办事处）负责具体组织实施下列居家养老服务工作：

（一）整合社会资源，建立社区养老综合服务平台。

（二）指导、组织基层群众性自治组织、社区养老服务中心及专职养老工作者为老年人服务。

（三）通过落实政府购买服务、设立项目资金、经费补贴等扶持政策措施，引导各类社会组织参与居家养老服务。

（四）支持、引导社会力量健全社区服务网点，运用信息网络服务平台开展紧急呼叫、健康咨询、物品代购、服务缴费等适合老年人的服务。

（五）推行社区老年人和志愿者登记制度，探索建立为老年人志愿服务时间储蓄和激励机制。

（六）指导社区老年人日间照料中心、托老所等社区养老服务机构发挥好居家养老服务的平台、阵地作用和桥梁纽带作用。

第十二条 嘎查村（居委会）应当发挥民主自治和民主管理功能，组织社区老年人和其他居民开展以下活动：

（一）开展居民信息自愿登记，了解、反映老年人的服务需求。

（二）协助政府对企业和社会组织管理、运营社区养老设施及其他服务项目的情况进行监督、评议，向政府反映居民对完善居家养老服务的意见、建议。

（三）组织开展互助养老、志愿服务和低龄老年人扶助高龄老年人的活动。

（四）组织老年人开展文化娱乐、体育活动。

第十三条 各级民政部门、老龄工作机构，应当组织、协调、指导、督促各有关部门落实居家养老服务工作。协调各类公办、公办民营和社会办养老机构将专业化服务延伸到社区，为老年人提供居家养老服务。

旗县（市、区）民政部门或老龄工作机构，可以根据开展居家养老服务项目的需要，通过签约、购买服务等方式确定服务商和服务单位。

第十四条　规划、住房和城乡建设等部门应当逐步推进老旧小区的坡道、楼梯扶手、电梯等与老年人日常生活密切相关的生活服务设施的改造，严格按照无障碍建设规范要求，为社区老年人和残疾人的日常生活提供方便。新建、改建和扩建老年人居住区应当符合国家无障碍设施工程建设标准。

第十五条　各级卫生计生部门应当完善基层医疗卫生服务网络。政府投资兴办的社区卫生服务机构，应当为居住在家庭的老年人提供下列服务：

（一）建立健康档案，按照有关规定提供定期免费体检和流感疫苗接种服务，提供疾病预防、伤害预防、自救及自我保健等健康指导。

（二）开展社区家庭医疗服务，对老年人常见病、慢性病进行综合管理，开展医疗、护理、康复服务指导。

（三）为老年人提供优先就诊和与其他医疗机构之间的双向转诊等服务。

（四）根据需要与社区老年人日间照料中心和社区托老所开展合作，为老年人提供签约式医疗卫生服务。

第十六条　各级人力资源和社会保障、卫生计生等部门应当完善基本医疗保险社区用药报销政策，按照社区卫生服务机构的服务功能完善基层用药制度，保证社区卫生服务机构药品配备，为老年人在社区治疗常见病、慢性病用药提供优惠和方便。

第十七条　企业和社会组织从事居家养老服务的，可使用政府提供的设施和场所，也可自行兴建养老设施；可享受政府给予的政策扶持，执行政府制定的服务规范、标准，接受政府指导和社会监督。

鼓励养老机构利用自身资源优势，为周边社区居住在家庭的老年人提供专业化服务。

第六章　监督管理

第十八条　盟市、旗县（市、区）应当将居家养老服务工作落实情况纳入监督和年度目标责任制考核，并建立责任追究制度。

第十九条　社区养老设施的管理者、使用者擅自改变政府投资或者资助建设、配置的养老设施功能和用途的，由民政部门责令限期改正，并责令退赔补贴资金和有关费用；逾期不改正的，收回管理权、使用权。

第二十条　享受政府补贴或者政策优惠的养老服务企业事业单位和社会组织没有履行相应义务的，由发放补贴的部门收回补贴，取消其享受优惠的资格，并记入信用信息系统。

第二十一条　社区养老服务中心或其他居家养老服务组织应当与服务对象签订服务协议，明确服务内容、服务时间、权利义务以及纠纷解决办法等，对由其直接提供或转介提供的服务质量和后果负责，并定期对服务对象的满意度进行抽查，不断提高服务质量和服务对象的满意度。

第二十二条 养老服务人员应当持证上岗，服务时佩戴本服务组织的统一标识。养老服务人员1年内受到服务对象3次及以上投诉或媒体曝光批评，经查证属实的，取消其养老护理上岗资格。

第二十三条 旗县（市、区）民政部门在资格审核过程中应当做到公开、公平、公正，有弄虚作假行为的，由直接责任人承担直接经费损失，并对有关部门和责任人给予批评教育、行政处分或追究法律责任。

第二十四条 服务对象申请政府购买居家养老服务，应当诚信申报。提供虚假证明材料的，取消政府购买居家养老服务资格。

第二十五条 家庭成员应当依法履行赡养义务，对于未尽赡养义务的家庭成员，社区养老服务机构应当根据老年人的意愿，协调有关组织为其免费提供法律援助服务。

第二十六条 各级民政部门应当建立统一的居家养老服务信息管理系统，实时监管社区养老服务机构工作开展情况，定期对居家养老服务、经费补贴和奖励项目等进行检查，受理有关投诉，依法查处违法违规行为，加强绩效考核，建立奖惩机制。

第二十七条 旗县（市、区）财政部门应当加强对居家养老服务各项经费、补贴资金的拨付、使用效益和专款专用等方面的监管。

第二十八条 旗县（市、区）居家养老服务协会应制定行业发展规划、行业服务标准，组织从业人员和志愿者培训，对服务质量实施行业监督，加强行业管理和行业自律。

参考文献

［1］戴建兵. 我国农村最低生活保障力度及其横向公平性分析［J］. 人口与经济，2012（9）.

［2］车强生. 关于跨省异地就医结算的一些细节问题的思考［J］. 人力资源管理，2017（4）.

［3］翟新花. 均等化视角下的失业保险制度优化设计［J］. 中国行政管理，2014（10）.

［4］丁建定等. 论中国社会福利制度类型的完善［J］. 贵州社会科学，2015（6）.

［5］丁元竹. 当前减灾救灾的几项急务［N］. 中国社会报，2015 - 07 - 20.

［6］田大洲. 我国失业保险覆盖灵活就业人员研究［J］. 中国劳动，2017（10）.

［7］董秋红等. 广西贫弱人群医疗救助实施效果评价［J］. 卫生经济研究，2015（11）.

［8］高灵芝. 中国社会保障体系框架下社会救助与社会福利的关系——兼论社会救助制度的完善［J］. 东岳论丛，2011（11）.

［9］郭明霞. 社会救助的国际比较及其经验借鉴［J］. 兰州大学学报（社会科学版），2010（3）.

［10］国家民政部. 民政事业发展第"十三五"规划纲要［DB/OL］. http：//www. mca. gov. vn，2018 - 01 - 06.

［11］何文炯. 基本养老金：全国统筹与制度完善［J］. 中国社会保障杂志，2018（1）.

［12］何玮. 发挥失业保险就业促进功能研究［J］. 劳动保障世界，2017（11）.

［13］黄华波. 异地就医直接结算宜循序渐进［J］. 中国社会保障，2017

（1）.

　　［14］华颖，郑功成．战略视野下的防灾减灾投入优化研究［J］．华中师范大学学报（人文社会科学版），2016（2）.

　　［15］林义．中国多层次养老保险的制度创新与路径优化［J］．社会保障评论，2017（7）.

　　［16］黎大有，张荣芳．从失业保险到就业保险——中国失业保险制度改革的新路径［J］．西南民族大学学报（人文社会科学版），2015（3）.

　　［17］李林．保生活、促就业、防失业：进一步发挥失业保险制度"三位一体"功能的对策［J］．经济研究参考，2015（11）.

　　［18］刘燕斌．中国劳动保障发展报告（2014）［M］．北京：社会科学文献出版社，2014.

　　［19］刘苏荣．人口较少民族聚居地区教育救助的完善策略［J］．贵州民族研究，2017（10）.

　　［20］刘义，陈志英．我国保障性住房分配现状、问题及对策［J］．河北联合大学学报（社会科学版），2014（3）.

　　［21］李全胜．区域经济发展与大学生就业研究［M］．北京：中国经济出版社，2015.

　　［22］内蒙古自治区民政厅．内蒙古自治区民政事业"十三五"规划纲要［DB/OL］．http：//www.nmnzt.gov.cn，2018 – 01 – 15.

　　［23］蒲晓红，朱美玲．统筹区域内城乡居民养老保险与城镇职工养老保险衔接办法的改进［J］．中国农村经济，2017（3）.

　　［24］齐声贺．影响失业保险基金结余有效性的因素分析［J］．劳动保障世界，2017（6）.

　　［25］童星．防灾减灾与社会治理［J］．中州学刊，2014（6）.

　　［26］王延中，龙玉其．社会保障统筹发展论［J］．社会保障制度，2015（10）.

　　［27］王延中，王俊霞．更好发挥社会救助制度的反贫困兜底作用［J］．国家行政学院学报，2016（1）.

　　［28］王显勇．回归与变革：我国失业保险法律制度的完善之路［J］．四川大学学报（哲学社会科学版），2017（5）.

　　［29］王杰秀，谈志林，张静．巨灾保险试点现状、问题与对策［J］．中国民政，2017（8）.

　　［30］王强，赵昊骏，张景文．我国保障性住房分配中的准入与退出机制研究——以C市为例［J］．当代经济研究，2012（8）.

［31］席恒．养老金机制：基本理论与中国选择［J］．社会保障评论，2017（1）．

［32］许艳丽．俄罗斯的医疗保险制度［J］．中国医疗保险，2015（7）．

［33］杨燕绥．居安思危，养老金要积极应对人口老龄化［J］．人力资源开发，2017（10）．

［34］杨燕绥．老龄社会与积极的养老政策［J］．中国人力资源社会保障，2017（10）．

［35］杨立雄．贫困线计算方法及调整机制比较研究［J］．经济社会体制比较，2010（5）．

［36］杨燕绥．中国养老金运行中存在的问题及对策［J］．人民论坛，2017（2）．

［37］杨立雄．最低生活保障制度存在的问题及改革建议［J］．中国软科学，2011（8）．

［38］杨立雄．规范灾害生活救助标准迫在眉睫［J］．群言，2016（9）．

［39］尹蔚民．全面建成多层次社会保障体系［N］．人民日报（第7版），2018－01－09．

［40］杨自根．健全弱势群体医疗救助制度的探讨［J］．卫生经济学研究，2016（7）．

［41］岳经纶．香港社会救助制度的发展及其对中国内地的借鉴［J］．暨南大学学报（哲学社会科学版），2017（7）．

［42］姚建平．中国城市最低生活保障标准水平分析［J］．中国软科学，2013（11）．

［43］杨俊．统账结合养老保险制度最优缴费率研究［J］．社会保障评论，2017（7）．

［44］杨文圣，刘晓静．农村贫困家庭学生教育救助探析［J］．农村经济，2010（4）．

［45］郑功成．我国新时期的反贫困战略［N］．光明日报，2014－06－13．

［46］郑功成．中国社会保障演进的历史逻辑［J］．中国人民大学学报，2014（1）．

［47］郑功成．中国社会救助制度的合理定位与改革取向［J］．国家行政学院学报，2015（8）．

［48］赵云．医疗保险预付费方式控制医疗费用的机制研究［J］．中国医院管理，2015（4）．

［49］周沛．社会福利视野下的发展型社会救助体系及社会福利行政［J］．

社会保障制度，2013（3）.

　　［50］张海洋等. 城镇职工医疗保险个人账户存废问题探讨［J］. 社会保障研究，2015（2）.

　　［51］张峻豪，邓大松等. 城市居民最低生活保障制度的困境分析与政策转型［J］. 中国人口·资源与环境，2014（12）.

　　［52］赵溯理，杨怀印. 我国城镇低保救助制度的完善设计建议［J］. 中国行政管理，2014（8）.

　　［53］张琪. 发达国家保障房分配的做法与启示［J］. 经济纵横，2015（3）.

　　［54］中华人民共和国人力资源和社会保障部. 人力资源和社会保障事业发展"十三五"规划［EB/OL］. http：//www. mohrss. gov. cn.

后　记

　　近几年，内蒙古自治区大力实施民生共享战略工程，不断编密织牢基本民生保障的安全网，并不断改进公共服务提供方式，提升公共服务能力和质量，建立了覆盖城乡居民的基本养老保险和全民医保制度，综合型的社会救助制度和面向老年人、残疾人、儿童的福利措施及保障性住房建设制度，实现了比较充分和高质量的就业，让人民群众共享了发展成果，不断增强了人民群众的获得感和幸福感。

　　虽然内蒙古自治区社会保障改革工作取得了令人瞩目的成就，但社会保障体系建设方面未能建设成完整的、权责清晰的、多层次的制度体系，仍然存在社会保障制度滞后于经济发展水平的问题，和人民群众的期望还存在着一定的差距。因此，需要加快完整的社会保障体系的建设，建立健全兜住底线，织牢织密安全网并建立长久机制。在内蒙古自治区社会经济转型，工业化、城镇化的推进，人口老龄化程度加剧，城乡统筹发展的背景下，社会保障制度的改革成为社会关注的焦点。为此，新时代提出"更加注重民生改善和社会管理"的发展目标。基于这点，本报告以共享发展理念为基础，以"社会保险与社会服务"为主题，着重研究了内蒙古自治区社会保险、社会救助、社会福利、就业与保障性住房等保障机制。

　　在编写内蒙古自治区社会保障发展报告的过程中，我们走访了内蒙古自治区人力资源和社会保障部门、内蒙古自治区民政部门，并参考了这些部门的工作规划和统计公告。在此，对这些部门的同志给予的大力支持表示衷心的感谢。同时，感谢那些素未谋面，但在撰写过程中给予极大帮助的参考文献的作者们，他们潜心研究的成果，为我们完成发展报告提供了强有力的支持，再次向各位学界的前辈表示感谢。

　　本书各章节由下列作者编写：娜仁图雅教授、朱丽颖（研究生）撰写内蒙古自治区社会保障总论部分；齐银昌教授、曹永红博士撰写就业与保障性住房制度部分；乌仁格日乐副教授、刘晓菲（研究生）撰写养老保险和自然灾害救助部分；魏瑞清副教授撰写医疗保险和医疗救助部分；鲍震宇副教授撰写失业保险部分；任海霞副教授撰写城乡最低生活保障和教育救助部分；娜仁图雅教授、王美玲（研究生）、乌达巴拉（研究生）撰写养老服务部分。全书由娜仁图雅定稿，魏瑞清负责统稿。由于时间上和能力上的局限性，编写组成员在研究和写作的过程中难免有不足之处，期待在今后的研究中对这些问题加以弥补。在此，敬请广大读者对本书的不妥之处进行批评指正。

编者

2019 年 3 月